我国产学研
互惠性协同创新机制研究

刘良灿 万志涛 ◎ 著

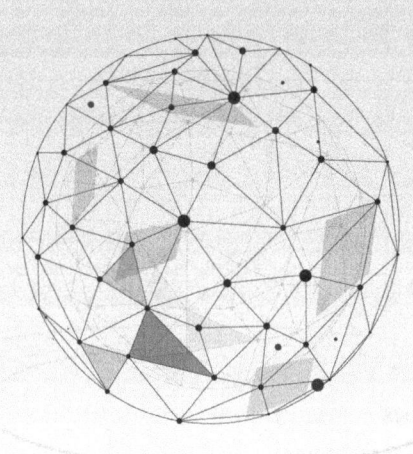

图书在版编目（CIP）数据

我国产学研互惠性协同创新机制研究 / 刘良灿, 万志涛著. —北京：企业管理出版社, 2023.10

ISBN 978-7-5164-2971-6

Ⅰ.①我… Ⅱ.①刘… ②万… Ⅲ.①产学研一体化–研究–中国 Ⅳ.① G640

中国国家版本馆 CIP 数据核字（2023）第 199494 号

书　　　名：	我国产学研互惠性协同创新机制研究
书　　　号：	ISBN 978-7-5164-2971-6
作　　　者：	刘良灿　万志涛
策　　　划：	杨慧芳
责任编辑：	杨慧芳
出版发行：	企业管理出版社
经　　　销：	新华书店
地　　　址：	北京市海淀区紫竹院南路 17 号　　邮编：100048
网　　　址：	http://www.emph.cn　　电子信箱：314819720@qq.com
电　　　话：	编辑部（010）68420309　　发行部（010）68701816
印　　　刷：	北京亿友创新科技发展有限公司
版　　　次：	2023 年 10 月第 1 版
印　　　次：	2023 年 10 月第 1 次印刷
开　　　本：	710mm×1000mm　　1/16
印　　　张：	12.75 印张
字　　　数：	200 千字
定　　　价：	78.00 元

版权所有　　翻印必究·印装有误　　负责调换

前　言

产学研协同创新是我国科技创新的一项基本战略，但目前来看，我国的产学研协同创新需找到有效的协同方式来实现对传统合作创新的突破。现有研究从信任、公平、共生、参与意愿的视角对协同内涵进行的探索缺少对协同内涵的深度解析。

互惠性偏好理论为协同创新中协同的内涵赋予灵魂，认为协同的本质是对理性与自利的超越。同时，知识协同是协同创新的核心要素，知识转化是知识协同分析的基石，所有知识协同的模式都是由知识的社会化、外显化、组合化和内隐化四大特征的螺旋组合。

本文借助莫里斯–霍姆斯特姆委托–代理模型，通过互惠性偏好的植入，在激励参与约束与激励相容约束分析的基础上，验证了互惠性协同存在着高于理性协同的帕累托效应。随后，借助演化博弈分析方法，分析了理性产学研协同创新市场向互惠性产学研协同创新市场演化的过程，验证了互惠性协同创新市场构建的可行性与必要性。

基于以上理论，本研究构建了产学研互惠性协同、知识转化与创新绩效相关性研究模型。基于结构方程模型理论，借助 Lisrel 软件，分别以我国东西部地区总体样本、东部地区样本和西部地区样本为样本总体，对研究模型进行了检验，揭示了互惠性协同下产学研知识协同对创新绩效的驱动激励，发现优势驱动路径与不足之处，提出互惠性偏好下产学研协同创新的改进策略及西部地区的赶超策略，以期为我国产学研协同创新机制的优化及创新绩效的提升提供理论借鉴。

本研究的创新性内容包含如下几点：

（1）运用委托–代理模型中激励参与约束与激励相容约束的博弈均衡理论与演化博弈理论，验证了互惠性协同创新的存在性与有效性。在产学研互惠性协同创新框架下，通过植入互惠性偏好的莫里斯－霍姆斯特姆委托－代理模型均衡机制分析和互惠性协同创新演化博弈机制分析，验证了在互惠行为下，产学研协同创新的效率高于理性合作下的效率，存在着互惠性帕累托最优状态。同时验证了在一定条件下，理性产学研协同创新市场可以实现向互惠性协同创新市场的转化，不仅可以提升参与双方的收益，也可以提高整个市场的创新效率。

（2）从互惠性培育的视角探索产学研协同创新的改进方向，发现互惠性协同可以实现对传统合作创新的超越，增进产学研合作绩效，进而提出互惠性产学研协同的具体策略。研究发现，在我国产学研协同创新中，高校与企业在组织层面、团队层面和成员层面均可以实施互惠性协同创新，且在现有的产学研协同中，组织层面互惠性协同效果最好、成员层面互惠性协同效果次之、团队层次互惠性协同效果最差。因此，我国产学研互惠性协同创新的改进，应以成员层面互惠性为重点，大力提高企业与高校或科研机构派出团队之间的互惠性行为。

（3）在互惠性偏好下，从知识转化的视角探析了产学研协同创新的知识整合机理，揭示了知识转化要素在协同创新中的作用，发现知识组合化、知识外显化在协同创新中发挥了重要作用，知识内隐化的协同功能只得到了部分实现，而知识社会化处于严重的功能缺失状态。在此基础上，提出了产学研协同创新中知识转化的优化与驱动策略。

目　录

第1章　绪　论 ··· 001
　1.1　研究背景和问题提出 ·· 001
　　　1.1.1　研究背景 ··· 001
　　　1.1.2　研究问题的提出 ··· 006
　1.2　产学研协同创新国内外研究综述与评述 ···································· 007
　　　1.2.1　协同创新研究综述 ··· 008
　　　1.2.2　产学研协同创新研究综述 ··· 009
　　　1.2.3　产学研协同创新中知识协同研究综述 ·························· 011
　　　1.2.4　产学研协同对知识管理行为及协同创新绩效的驱动效应研究 ··· 013
　　　1.2.5　产学研协同创新中对"协同"内涵与机理的研究综述 ······· 014
　　　1.2.6　产学研协同创新中引入新因素的相关研究 ··················· 016
　　　1.2.7　现有研究的综合评述 ·· 022
　1.3　研究意义 ·· 023
　　　1.3.1　研究的理论意义 ··· 023
　　　1.3.2　研究的实践意义 ··· 024
　1.4　研究目标和研究方法 ··· 024
　　　1.4.1　研究目标 ··· 024
　　　1.4.2　研究方法 ··· 025
　1.5　论文结构、研究思路和技术路线 ·· 025
　　　1.5.1　论文结构 ··· 025
　　　1.5.2　研究思路 ··· 027

1.5.3　技术路线 ··· 027
1.6　研究创新点 ·· 028

第2章　基本概念界定与基础理论 ·· 030
2.1　基本概念界定 ·· 030
　　2.1.1　产学研协同创新类基本概念 ··································· 030
　　2.1.2　互惠性协同类基本概念 ··· 031
　　2.1.3　知识转化类基本概念 ·· 031
2.2　基础理论 ·· 032
　　2.2.1　互惠性偏好经济理论 ·· 032
　　2.2.2　协同、协同创新、产学研协同创新 ························· 034
　　2.2.3　知识转化SECI模型 ·· 036
　　2.2.4　演化博弈理论 ·· 037

第3章　植入互惠性偏好的产学研协同创新委托-代理模型分析 ········· 038
3.1　互惠性经济思想的兴起及在产学研协同创新中应用的可行性 ···· 038
3.2　委托-代理下产学研协同创新的逆向选择和道德风险分析 ········· 041
3.3　产学研协同创新委托-代理模型设计 ································ 042
3.4　植入互惠性的产学研协同创新委托-代理机制分析 ················ 043
　　3.4.1　理性经济人视角下委托-代理机制均衡分析 ············· 043
　　3.4.2　植入互惠性条件下的委托-代理机制均衡分析 ·········· 046
3.5　模型分析结论 ··· 048
3.6　本章小结 ·· 049

第4章　互惠性偏好下产学研协同创新演化博弈分析 ······················ 051
4.1　产学研协同创新的互惠性演化特征分析 ···························· 051
4.2　产学研互惠性协同创新的演化博弈分析与示例 ···················· 054
　　4.2.1　产学研互惠性协同创新演化博弈分析 ······················ 054
　　4.2.2　产学研互惠性协同创新演化博弈示例 ······················ 056
4.3　产学研互惠性协同创新演化博弈分析结论 ························· 057
4.4　本章小结 ·· 059

目 录

第5章 我国产学研互惠性协同微观机理研究 ·· 060
- 5.1 产学研互惠协同存在性的理论阐释 ·· 060
- 5.2 产学研互惠性协同模型设计 ·· 063
  - 5.2.1 产学研互惠性协同阐释 ·· 063
  - 5.2.2 产学研互惠性协同绩效及交互效应分析 ·· 064
  - 5.2.3 产学研互惠性协同研究模型的确立 ·· 066
- 5.3 产学研互惠性协同模型检验 ·· 067
  - 5.3.1 数据收集和样本特征分析 ·· 067
  - 5.3.2 产学研项目质量的互惠协同效应检验 ·· 069
  - 5.3.3 产学研项目市场适应性的互惠协同效应检验 ·· 070
  - 5.3.4 产学研项目投入产出匹配的互惠协同效应检验 ·· 072
- 5.4 研究结论 ·· 073

第6章 产学研互惠性协同、知识转化与创新绩效相关性研究模型设计 ·· 078
- 6.1 研究模型设计的理论脉络 ·· 078
- 6.2 要素设计 ·· 080
  - 6.2.1 产学研互惠性协同要素设计 ·· 080
  - 6.2.2 知识转化要素设计 ·· 083
  - 6.2.3 产学研协同创新绩效要素设计 ·· 083
- 6.3 研究假设的解析 ·· 084
  - 6.3.1 组织间互惠性协同对知识转化的促进效应解析 ·· 084
  - 6.3.2 团队间互惠性协同对知识转化的促进效应解析 ·· 085
  - 6.3.3 成员间互惠性协同对知识转化的促进效应解析 ·· 086
  - 6.3.4 产学研知识转化对创新绩效的促进效应解析 ·· 088
- 6.4 研究假设的归纳与研究模型的确立 ·· 091
  - 6.4.1 研究假设的归纳 ·· 091
  - 6.4.2 研究模型的确立 ·· 091
- 6.5 本章小结 ·· 092

第7章 问卷设计、样本调查与因子分析 ·· 093
- 7.1 互惠性协同测度指标设计 ·· 093

  7.1.1　互惠性协同测度指标设计的理论分析 ················· 093
  7.1.2　组织间互惠性协同要素设计 ······················· 094
  7.1.3　团队间互惠性协同要素设计 ······················· 096
  7.1.4　成员间互惠性协同要素设计 ······················· 097
7.2　知识转化测度指标设计 ······························· 098
  7.2.1　知识转化测度指标设计的理论分析 ···················· 098
  7.2.2　知识组合化要素体系设计 ························· 099
  7.2.3　知识外显化要素体系设计 ························· 099
  7.2.4　知识内隐化要素体系设计 ························· 100
7.3　产学研协同创新绩效测度指标设计 ························ 102
7.4　问卷设计 ······································· 104
7.5　测量模型设计及识别 ······························· 104
  7.5.1　测量模型设计 ······························· 104
  7.5.2　测量方程的识别 ····························· 105
7.6　数据调查和样本特征 ······························· 107
  7.6.1　数据调查 ································· 107
  7.6.2　样本特征分析 ······························ 109
7.7　信度检验 ······································· 111
  7.7.1　互惠性协同信度检验 ·························· 112
  7.7.2　知识转化信度检验 ·························· 115
  7.7.3　创新绩效信度检验 ·························· 119
7.8　效度检验 ······································· 121
  7.8.1　互惠性协同效度检验 ·························· 122
  7.8.2　知识转化效度检验 ·························· 126
  7.8.3　创新绩效效度检验 ·························· 130
7.9　本章小结 ······································· 131

第8章　产学研互惠性协同、知识转化与创新绩效相关性模型检验 ········ 132
 8.1　研究模型解析 ···································· 132

		8.1.1 因果模型设计 ·····	132
		8.1.2 因果模型的识别和判断 ·····	133
	8.2	总体样本的模型检验与分析 ·····	135
		8.2.1 总体样本的模型检验 ·····	135
		8.2.2 总体样本模型检验结果的分析 ·····	136
	8.3	东部样本的模型检验与分析 ·····	137
		8.3.1 东部样本的模型检验 ·····	137
		8.3.2 东部样本模型检验结果的分析 ·····	139
	8.4	西部样本的模型检验与分析 ·····	140
		8.4.1 西部样本的模型检验 ·····	140
		8.4.2 西部样本模型检验结果的分析 ·····	141
	8.5	检验结果的比较 ·····	142
	8.6	未通过检验假设的讨论 ·····	144
		8.6.1 总体样本检验中未通过检验假设的讨论 ·····	144
		8.6.2 东部样本检验中未通过检验假设的讨论 ·····	144
		8.6.3 西部样本检验中未通过检验假设的讨论 ·····	145
		8.6.4 未通过检验假设的综合讨论 ·····	145
	8.7	本章小结 ·····	146
第9章	产学研互惠性协同的案例分析及启示 ·····		147
	9.1	案例分析的背景 ·····	147
	9.2	项目开发过程 ·····	149
	9.3	互惠性策略分析 ·····	152
	9.4	案例的启示 ·····	154
第10章	产学研互惠性协同创新优化策略 ·····		156
	10.1	产学研互惠性协同创新的基本改进方向 ·····	156
	10.2	互惠性情境下产学研协同创新的优化策略 ·····	159
		10.2.1 政府与社会视角下产学研互惠性协同创新的改进策略 ·····	159
		10.2.2 企业和高校总体视角下产学研互惠性协同创新改进策略 ·····	160

         10.2.3　企业视角下产学研互惠性协同创新的改进策略 ……………… 162
         10.2.4　高校视角下产学研互惠性协同创新的改进策略 ……………… 163
　　10.3　互惠性协同创新下西部地区向东部地区的借鉴策略 ……………… 164
　　10.4　本章小结 ………………………………………………………………… 166
第11章　结论与展望 …………………………………………………………………… 167
　　11.1　主要研究结论 …………………………………………………………… 167
　　11.2　研究不足 ………………………………………………………………… 168
　　11.3　研究展望 ………………………………………………………………… 168
参考文献 ………………………………………………………………………………… 170
附录：调查问卷 ………………………………………………………………………… 190

第1章 绪 论

产学研协同创新是国家创新战略的核心内容之一,但是,我国产学研协同创新并未取得实质性的进展。究其原因,主要源于没有妥切地解决协同问题,合作主体未能寻找到协同的有效路径。互惠性经济与管理理论的兴起为产学研协同创新推进指明了方向。

1.1 研究背景和问题提出

1.1.1 研究背景

"十四五"规划纲要明确提出创新在我国现代化建设全局中的核心地位,并将科技自立自强作为国家发展的战略支撑。同时,纲要强调要强化企业创新主体地位,促进各类创新要素向企业集聚,形成以企业为主体、市场为导向、产学研用深度融合的技术创新体系。2006年我国颁布了《国家中长期科学和技术发展规划纲要(2006—2020)》,首次确定了产学研协同创新在国家创新体系建设中的重要地位。2013年,党的十八届三中全会通过的《中共中央关于全面深化改革若干重大问题的决定》提出,要深化科技体制改革,建立产学研协同创新机制。党的十九大报告提出"加快建设创新型国家",明确"创新是引领发展的第一动力,是建设现代化经济体系的战略支撑"。党的二十大报告强调深入实施创新驱动发展战略,并明确提出"加强企业主导的产学研深度融合,强化目标导向,提高科技成果转化和产业化水平"。产学研协同在提升我国创新发展和自主创新能力方面具有显著的积极影响（张根明，张曼宁，2020），协同创新能够有效地将不同组织的创新资源进行整合，如科研机构、企业、高等院校，从而提升创新整体能力，继而有利于促进创新成果的转化利用率。因此，协同创新越来越受到各界的重视，逐渐成为各国促进科技创新水平的重要途径。

（1）产学研协同创新已经成为全球性科技创新竞争的重要模式

作为协同理论的较早提出者，美国麻省理工学院斯隆中心（Sloans Center for Collective Intelligence，MIT）研究员Gloor指出，协同是在一个由不同子系统所构成的复杂的组织内，不同系统间有效协作所形成的大于全部子系统单独效能之和的功能。

对于协同创新，美国麻省理工学院的葛洛将其界定为在一个组织中，当成员拥有同一目标和愿景，并相互间流畅高效沟通，对自身不断提出挑战，并期望超越自我时，该组织所具有的合作创新。

与过去经常所提到的开放式创新或协同制造有所不同，相较而言，协同创新在组织方式上更为复杂，其核心是构建通过网络进行组织间创新协同合作的模式，将组织间的资源进行整合，并加强组织之间的有效协作，从而促使系统整体产生超越单个组织效能简单叠加的线性之和。应该注意，在采用协同创新模式的系统中，高校、企业和研究机构在整个系统中是核心的创新子系统，而系统中的其他子系统，如政府、金融机构、中介机构、非营利组织等是发挥辅助功能的创新子系统（陈劲、阳银娟，2012）。

产学研协同创新的模式是在美国硅谷的创新实践中所形成，该模式将产学研与协同理论进行了整合。1995年，美国纽约州立大学的Henry教授和荷兰阿姆斯特丹发展学院的Leydesdorff教授共同合作，构建了"大学、企业、政府"三重螺旋创新模型，利用生物学领域的原理对政府、大学、企业三者间的协作关系进行了阐述，认为处于知识经济的背景中，大学、政府、企业三者之间的有效协作是推动一个国家或地区创新水平和能力提升的重要途径（Etzkowitz & Leydesdorff，1995）。

在产学研的发展实践中，不断将协同理论融入其中，最终发展成为产学研协同创新模式。产学研协同创新是指在以企业、高校、研究机构为三个核心的创新主体中,通过政府、中介机构和金融机构等辅助主体的有效配合,各个主体充分利用自身的角色优势来共同促进技术创新研发的协同活动(Afonso et al., 2012)。

当前,产学研协同创新已成为各国获取技术创新能力提升的重要模式。通过利用斯坦福大学所拥有的高水平的创新能力,加之斯坦福大学对产学研协作模式的高度认同和不断支持,促使硅谷较早地形成了大学、科研机构和企业三者间相互协同创新的模式,并以此缔造了举世瞩目的硅谷奇迹。在硅谷高校、科研机构与企业之间的有效协作创新模式下,大量闻名世界的高科技企业,如大家熟知的苹果、特斯拉、思科等迅速发展壮大起来。欧盟也在积极地加强产学研协同创新平台的建设。2008年,根据欧盟15国领导人通过的里斯本战略(Lisbon Strategy),欧盟成立了欧洲创新与技术学院(European Institute of Innovation and Technology,EIT)。其主要致力于欧盟产学研协同创新平台建设,并在章程中明确将依照知识创新社区(Knowledge and Innovation Communities,KIC)的模式来进行构建,从而达到提升创新能力,推动欧洲可持续发展的目的。

(2)产学研协同创新是我国国家科技创新战略的重要举措

由于产学研协同创新在提升创新能力中所发挥的巨大作用,因此受到了我国政府的高度重视。2006年,国务院颁布实施了《国家中长期科学和技术发展规划纲要(2006—2020年)》,明确提出了国家创新体系建设思路,即建设"以政府为主导、充分发挥市场配置资源基础性作用、各类科技创新主体紧密联系和有效互动的社会系统"。同时指出,"以企业为主体、产学研结合的技术创新体系为突破口,建设科学研究与高等教育有机结合的知识创新体系"。此外,党的十七大报告中也提出,"加快建立以企业为主体、市场为导向、产学研相结合的技术创新体系,引导和支持创新要素向企业集聚,促进科技成果向现实生产力转化"。在党的十九大报告中提出,"创新是引领经济发展的第一动力,自主创新是攀登世界科技高峰的必由之路""要形成自主创新的强大合力,推进部署产学研深度融合"。这些论断为产学研协同提供了强大的政策指导和发展方向。

2013年4月,首批经过《高等学校创新能力提升计划》认定的国家协同创新中心名单由教育部公布，共有14个高端研究领域获得认定。《高等学校创新能力提升计划》的实施，有利于促进国家创新能力的提升，也鼓励和支持了产学研协同创新模式的发展。

我国是经济大国，但还不是经济强国。技术创新能力的不足对我国经济发展模式的优化与完善造成了不利的影响。何郁冰（2012）指出，从改革开放至今，虽然我国在一些技术创新领域获得了重要的成绩，在创新领域的资源投入、论文成果、专利申报等方面都令世人所瞩目，但是科技与经济并没有完全融合，存在着"双轨现象"，主要原因体现在两个方面。首先，一些关键的核心技术我国尚未掌握，在一些领域对国外技术依赖过高，这对于构建以创新为驱动力的发展模式造成一定的现实障碍。其次，高校和科研机构虽然取得丰富的科研成果，但是转换率一直较低，还未担负起有效促进社会经济发展的作用。鉴于此，产学研协同创新模式的发展将能有效地激发技术创新研发的协同活动。

（3）我国目前的产学研协同创新模式发展相对滞后

虽然我国各级政府都非常重视产学研协同创新发展战略，但协同创新模式的实践尚未跟紧理论发展的步伐，还未形成产学研协同创新的成熟经验（曾详炎、刘友金，2016），存在参与主体目标不一致、高层次人才不足和中小企业无法开展产学研协同等问题（糜志雄、张斌，2019），导致我国产学研效率较低，投入产出比还未达到世界中等水平，低于预期的目标（戴勇、林振阳，2018）。当前，虽然一些产学研项目被冠之为协同创新之名，其内在并不拥有协同创新的本质特征行为，仍旧属于传统的合作创新的发展方式。在一些产学研协同创新的项目中，参与的高校和企业甚至不清楚协同的内涵、如何开展有效的协同、如何保障协同的实施、如何评估协同成果，这是简单地将传统的合作行为视同为协同，造成了对协同的错误理解（项杨雪、梅亮等，2014）。

我国产学研协同创新的发展可以分为四个阶段：产学研联合、产学研结合、产学研用结合、产学研协同创新，每个阶段都有显著的特征。在产学研联合阶段，其主要特征是高校、研究机构、企业联合协作，共同对一些技术进行研发。在产学研结合阶段，该模式通过将高校、科研机构和企业进行联合来进行高新技术产业合作从而实现产学研结合。在产学研用结合阶段比较重视市场需求导向,并强调参与企业的主体地位。而在产学研协同创新阶段,特征是高校、科研机构、企业、政府、金融机构、科研服务中介组织等不同参与组织之间的协同合作(陈劲、阳银娟,2012)。现阶段,我国产学研的实践活动正处于从合作创新向协同创新转变的发展过程中,但在转变的过程中遇到了一些问题,遭遇了跋前踬后的困境,主要原因在于在产学研协同创新无法解脱传统的产学研合作模式束缚,同时对协同的内涵和本质思想未尽掌握和理解尚未透彻,实践中表现为合作的深度和广度不足,主要立足短期合作,缺乏长远考虑(王海军、祝爱民,2019)。费艳颖等(2014)通过对我国与美国、日本、韩国的产学研协同创新模式、路径、效率进行对比分析,发现在现阶段我国协同创新的效率与其他三个国家还存在较大的差距,同时在进行协同创新的实践中还没有形成一套成行之有效的成熟路径。卞元超、白俊红等(2015)分析了我国企业产学研协同创新对企业技术进步的影响,结果表明,尽管我国产学研协同创新系统协同度整体呈现提高趋势,但整体水平依旧不高,产学研协同创新与企业技术进步的关系还未达到显著水平,并且企业子系统和高校子系统的内部协同在企业技术进步中的作用也不显著。刘友金等(2017)探究了产学研协同与区域创新绩效的关系,研究表明长江沿岸11省市产学研协同度具有上升趋势,但协同水平还比较低,产学研协同对区域创新的促进作用也不明显。

(4)互惠性偏好理论兴起为我国产学研协同创新推进提供契机

经济学家卡尔·波兰尼在极具思想穿透力的著作《大转折:我们时代的政治经济起源》中提出,世界各国的经济运行有三种不同的模式:市场经济、再分配经济、互惠经济。一般而言,学者们较多地关注市场经济和再分配经济两者间的相互关系,而对互惠经济的作用缺乏深入的研究。波兰尼认为,市场经济、再分配经济、互惠经济都是社会进行资源分配的方式。其中前两者属于正式制度范畴,而互惠经济属于非正式制度范畴,能够作为市场经济和再分配经济形式的有益补充。

著名经济学家亚当·斯密在其《国富论》提出,当一个理性人进行经济活动时,追求利益最大化将成为其主要目标,并且当经济活动没有受到外部环境的干预时,就会出现道德力量和价格机制这只"看不见的手"。而互惠经济被认为是公开和自由市场中另外一只"看不见的手"。

在进行经济活动时，互惠行为指的是有形资源的交换，交换活动中的一方无需做出超出互惠价值的牺牲，也不存在超出互惠价值的享用，交换是建立在互惠互利的交换基础之上。这也符合社会学领域中对互惠的理解逻辑，认为互惠是社会中人们相互之间的平等互助，其目的主要在于构建基于长远的社会网络，而不是获取短期的利益。

Muhammad Fiaz（2013）认为，产学研协同创新过程本质上属于一种互惠活动，当参与其中的各方主体都能首先照顾其他主体的利益，其次再考虑自身的收益，则该环境中所获得的创新效果会较为理想。产学研协同创新是高校、研究机构和企业之间相互支持、相互补充的创新过程，其涉及范围超越了合作的范畴，并且参与主体间积极地有所贡献才有可能获得协同创新的成功（Bodas Freitasa et al., 2013）。在产学研协同活动中，当参与主体局限于自身的眼前利益，忽视整体利益，且不顾其他参与主体的利益，无视自身的行为对其他参与者的影响，这种情况下产学研协同的结果往往不尽人意（许庆瑞，2006；陈劲，2011）。

综上所述，在行为经济理论的指导下，互惠性经济的发展与互惠性管理模式的出现，为产学研协同创新的发展提供了良好的理论和实践基础，有助于加快我国产学研协同创新的良性发展。

1.1.2 研究问题的提出

产学研协同创新是我国产学研未来发展的必然趋势，但如何促进高校、科研机构与企业三者间的协同还需要有效地应对诸多问题。虽然国外对该领域的研究开展较早且进行了比较深入的探究，取得了丰富的理论成果，并在产学研协同的实践活动中也取得了一系列有目共睹的成效，但对于如何有效地开展产学研协同并未提出过有效的路径或明确的实施规范。如何有效地实施产学研协同已成为我国产学研协同创新发展需要解决的首要问题。

互惠性偏好理论的发展为有效应对产学研协同面临的问题提供了理论依据，或许可以一定程度上破除协同的发展障碍。国外学者对产学研互惠性协同开展了一些探讨，国内的学者也开展了少量的研究，但研究尚不深入，获得的成果较少，还不足以为我国产学研协同创新的发展提供足够的参考和借鉴。同时，相关研究也多侧重理论研究，无法对互惠性协同的微观活动提供有价值的实践建议。通过对国外成功案例的分析可以发现，产学研协同创新中的互惠行为具有复杂性、针对性和灵活性。在互惠性偏好视角下，如何把互惠动机与互惠行为有效地融入产学研协同创新，从而促使协同创新的完善、实现协同创新的预期目标，是我国产学研协同创新领域研究学者与参与者无法推卸的艰巨任务。可以预见，一旦互惠性协同所遇到难题得到有效解决，则可以在互惠性协同中最大程度实现协同的本质内涵，从而促进创新绩效的发展，为国家创新战略目标的实现提供坚实的保证。此外，我国区域经济发展存在不平衡的现象，东部地区和西部地区之间发展差异明显。这一问题也会对产学研互惠性协同创新的发展造成一定的影响。地区间的发展差异会影响产学研互惠协同整体水平的提升。但是东部地区具有显著的资源优势，社会经济发展较好，因此为产学研互惠协同的实施提供良好的基础，也可为西部地区实施产学研互惠协同提供良好的借鉴，也为东西部地区的产学研互惠性协同发展的模式和经验相互对比提供了可能，有利于减少地区间发展的不平衡，促进我国产学研总体水平的提升。

由此，大力推动实施产学研协同互惠性策略，实现其在协同创新绩效中的积极影响，探究西部地区在互惠性策略开展过程中的所存在的问题，以及提出西部地区借鉴东部地区发展经验，以改善西部地区产学研互惠性的可能方向，在我国产学研协同创新战略实施中是一项具有显著的理论和现实意义的研究课题。

1.2 产学研协同创新国内外研究综述与评述

协同创新已经成为世界发达国家创新能力提升的主要途径。在二十一世纪的今天，协同创新也成为我国政府、大学、科研机构、企业所关注的热点之一。2011年5月，教育部、财政部联合召开"高等学校创新能力提升计划"（即"2011计划"）工作会议，强调该计划的重点就是建立协同创新机制，促使创新组织从个体、封闭向开放、互动转变，促进创新要素从孤立向汇聚、从分散向融合的方向转变，从而构建起完善的产学研协同创新机制。可见，产学研协同创新对于增强我国大学创新能力、改革人才培养模式、推动大学创新理念转型都具有重要的理论价值和现实意义。

1.2.1　协同创新研究综述

西方研究者率先探讨了协同创新的内涵、机理与方法。Pekkarinen 和 Harmaakorpi（2006）认为，协同创新是协同学思想在技术创新领域的应用，是在一定的条件下，技术创新系统内部的各个子要素通过相互作用从无序到有序的过程。Bercovitz 和 Feldman（2007）认为协同创新并不是双方资源与要素的简单组合，而是一种深层次的交融，在这个过程中，诸如人、设备、资金等要素的潜力可以得到有效发挥。Lai（2011）认为，协同创新是对合作创新的超越，含有丰富的内涵，超越了传统合作模式的约束，探求一种创新新境界。Bodas Freitasa 等（2013）认为协同创新可以分为组织层面、团队层面与成员层面三个层次，但组织层面起动主导作用。

多年来，协同创新也引起我国研究者的高度关注。陈劲（2011）探析了动态环境下协同技术创新的关键要素，提出动态环境下技术创新的若干改进策略。唐书林、肖振红（2016）以中国三大海洋装备制造业集群为例，分析了产学研区域协同创新的路径，并考察了网络嵌入对产学研区域协同创新的影响。曾详炎、刘友金（2016）探讨了协同创新的效率评价问题，分析了一次付款外包、分期付款外包、研发团队入驻企业、产品收益分成五种分配契约对协同创新效率影响的差异。谭建伟等（2016）探讨了协同创新的人力资源支撑体系，认为人力资源是协同创新的支持要素之一。侯二秀等（2016）探析了协同创新的动力要素，分别分析了内部协同要素与外部协同要素对创新绩效的影响。朱娅妮、余玉龙（2016）从协同创新的视角评价了高校科研绩效评价体系，认为协同创新是高校科研工作的核心要求之一。郭斌（2016）借鉴于日本和韩国的经验研究了京津冀都市圈科技协同创新的机制设计问题，提出了协同创新的一些推进策略。朱浩（2016）研究了大学、企业、政府协同创新系统的生成机理，认为适应性主体是协同创新系统生成的原因，聚集是协同创新系统生成的特征，标识是协同创新系统生成的"向导"，而非线性协同作用是协同创新系统生成的内在动力。叶传盛、陈传明（2022）

探讨了产学研协同在企业的创新绩效中所发挥的作用，研究表明，产学研协同能够对企业的创新绩效产生积极的影响，且两者之间的关系是通过提升企业的知识吸收能力而达成的。袁胜超（2023）就驱动产学研协同的外部因素进行了探究，结果表明，数字化进程加快了知识的溢出与扩散，促进了系统中知识价值的提升，强化了创新主体之间的联系，从而对产学研协同产生了显著的正向作用。张贝贝等（2023）从产学研协同的角度针对关键核心技术"卡脖子"的问题进行了探究，认为资源整合—主体交互—系统涌现协同框架对于提升产学研协同成效、加快关键核心技术突破具有积极作用。

综上所述，协同创新已经成为科技创新研究领域的热点，协同创新与传统创新的本质区别在于创新体系中诸要素不是组合关系，而是协同关系。目前，在科技管理领域，协同创新是关注的焦点，但也处于起步阶段，根本问题是，不仅要深刻地认识和理解"协同"，关键是如何来实现"协同"。

1.2.2 产学研协同创新研究综述

由于协同创新需要不同参与主体的积极协作，从而在参与主体间产生协同，因此，从理论上看，不同主体相互间的合作都可以成为协同产生的基础。产学研合作作为推进我国科技创新战略实施的重要抓手，产学研协同创新的相关研究吸引了各界的普遍关注，并使协同创新成为理论界研究聚焦的重点方向。

国外较早开展相关研究的一些学者将协同创新与产学研两者进行了融合，并形成了产学研协同创新的理论模型。Andrea 等（1994）研究了产学研协同创新的模式，提出在产学研的过程中，参与主体间的协同必须拥有相应的内外部环境和满足相关的条件，否则相互间的合作无法促成协同。Bruneel 和 Salter（2010）对不利于产学研协同创新的原因进行了探讨，指出当一个参与主体存在组织结构柔性不足、文化差异过大、信任不足等因素时，会产生对协同创新的消极作用。Plewa 等（2013）探究了产学研协同创新演进的不同阶段，认为参与者之间有效的沟通和高度的信任等是各个阶段成功的重要因素。Afonso 等（2012）探讨了产学研协同创新与企业竞争力之间的关系，认为在新的市场环境下，协同对于提升企业核心竞争力发挥着积极作用。Guan 和 Zhao（2013）指出在产学研协同创新过程中，为了参与主体间存在着一定独立，又面临着彼此间利益互惠、资源互补、成果共享，有必要设计一些非线性机制来实现系统中单个参与主体无法达成的总体协同效应。

由于我国产学研合作在实践中面临着诸多的障碍，还未获得成功经验，因此，一些学者随之将研究重点投向了产学研协同创新。夏红云（2014）认为产学研协同创新需要在外部和内部需求共同的推动下才能得以实现，就外部需求而言，主要包括市场需求拉动力、竞争生存压力、技术升级推动力和政府支持力。对于内部需求而言，主要有内部激励推动力、战略协同引导力、利益驱动力和创新能力驱动力。洪银兴（2014）比较分析了产学研协同创新与产学研合作创新在理论上的差异，认为存在三个方面的不同：首先，协同创新脱离了以往高校和科研机构将创新成果向企业进行转移的传统模式，转变为以科学新发现为导向的高校、科研机构、企业以及相关辅助主体共同参与创新攻关，通过打造协同创新的平台和机制来促成创新目标的实现；其次，协同创新由知识创新、创新的知识孵化为新技术、运用新技术三个因素构成，拓展了大学和科研机构的职能，由传统的知识创新转变为科技创新转化为新技术；最后，产学研协同不仅加强了大学、科研机构和企业之间的合作关系，更促进了产业、人才培养和技术创新等多项功能的发展。丁祺、张子豪（2018）根据产学研主体的参与深度将产学研协同创新模式分为了项目纽带、协作平台和战略共同体，这三种模式由低到高不断推进，并认为参与主体间的利益关系处理是由初始阶段向最高阶段演进的关键。原长弘、张树满（2019）基于"大市场—大政府"双元驱动的中国转型经济情境特点，提出了以企业为主体的产学研协同创新框架，认为企业家在以企业为主体的产学研协同创新中具有主导作用，而政府和市场的双元作用是以企业为主体的产学研协同创新的根本驱动力量。雷小苗等（2020）基于产学研合作的本质和规律，提出要实现产学研协同必须通过"明产权""走出去""引进来""建桥梁"等四个方面来进行突破。陈子韬等（2023）研究了政府资助对产学研协同创新的影响，研究表明政府资助不能直接对产学研协同创新产生积极影响，必须通过科技类社会组织的间接作用。而在科技类社会团体、科技类基金会、科技类民办非企业单位三种科技类社会组织中，民办非企业单位发挥了主要的中介作用。

产学研未来的发展趋势是产学研协同创新。西方国家利用现有的科技优势，已经使产学研协同创新取得了一定的进展，但在我国仍处于探索阶段。随着协同创新理论的发展，产学研协同创新已成为协同创新和产学研研究领域学者关注的重要方向。产学研协同创新研究的突破，将有力拓展和促进产学研理论研究。

1.2.3 产学研协同创新中知识协同研究综述

协同创新是参与各方知识资本交流、移动、共享、融合、重构的过程。离开知识活动，协同将不复存在。协同行为已经深深烙上了知识行为的印记，这是知识经济的内在要求。

在协同创新研究领域，一直将知识协同作为一个重要的协同目标。Anklam（2002）认为协同的过程就是各知识主体进行知识整合的过程，与知识管理异曲同工。Veronica serrano（2007）认为，协同行为是组织、团队、个体之间的一种心照不宣的行为，不仅涉及资源、行为、绩效的整合，也涉及知识的整合，即知识的整合是协同的结果之一。李朝明、黄利萍（2010）研究了知识协同对企业持续竞争力的影响，认为如果知识协同不足，企业竞争力很难培育成功。黄菁菁（2017）认为产学研协同效率偏低的最主要原因是知识协同与转化效率较低所致。Gertner等（2011）认为在协同创新过程中，存在着大量的知识流动、知识转移、知识共享，知识管理的效率在一定程度上决定着协同的成败。游静（2015）从动态X-Y理论的视角探讨了知识协同的激励策略，认为知识转化的驱动是知识协同激励的基础。邢青松等（2016）分析了协同创新的知识属性，从法律、创新、外部和商品四个方面探讨了异质主体知识属性对协同创新知识共享的影响，提出了知识共享的优化路径。尹洁、施琴芬（2016）探讨了协同创新中的知识共享行为，认为组织公民行为、组织承诺、社会资本等要素对知识共享水平存在着显著的影响。张喜征等（2016）对协同创新过程中知识配置进行了分析，指出参与主体间的知识互补是知识配置的核心。王润、徐福缘（2016）探析了协同创新中知识协同的稳定性问题，认为知识协同以"阶梯式"的方式实现对协同创新的驱动。

知识协同是协同创新研究领域中学者提出的一个新的研究视角，重点关注知识资本在协同机制中的成长过程。在产学研协同创新研究中，知识协同备受关注，通常认为产学研协同创新与知识管理密切相关。

西方研究者研究了产学研知识协同的价值。Bonaccorsi（1994）认为，从知识管理的视角来看，产学研是知识的跨组织转移，是知识创造和技术创新的融合，是知识创造主体和技术创新主体之间的深度合作。Bercovitz 和 Feldman（2008）解析了产学研协同创新中的知识共享机制，认为知识共享的程度越高，产学研协同绩效就越好，但在产学研项目中，知识共享普遍困难。Kalar 和 Antoncic（2015）研究了产学研协同创新中知识协同的路径和机理，认为知识协同的过程必然伴随着知识资本质的上升或量的扩充，协同的目标就是实现知识资本增值。Koschatsk（2012）认为，知识协同是产学研协同的核心，是知识在企业、高校、研究机构之间转化、转移、共享、集成的过程。

我国相关研究者也关注到了产学研知识协同的价值。何郁冰（2012）认为知识协同是产学研协调的核心要素之一，不仅包括显性知识的协同，也包括隐性知识的协同，伴随着大量的知识转化活动和知识共享行为。吴悦、顾新（2012）解析了产学研协同创新中的知识协同效应，从环境因素、协同意愿、产学研合作模式、知识差异四个方面探讨了产学研知识协同的机理和影响因素，包括知识流动、知识共享、知识转移、知识学习等要素。李久平等（2013）认为，产学研协同创新是大学、科研院所、企业在自身优势资源的基础上的一种协同技术开发，关键在于创新主体实现优势资源的共享，而这种优势资源共享只有通过知识整合才能实现。王进富等（2013）认为知识管理协同是产学研协同创新的核心，承载了产学研主体协同创新的知识增值和应用，协同创新的主要目的是知识的传递和产生，将知识对接到制造部门以实现产品化。刘春艳、王伟（2014）从产学研知识转移的内涵、过程、渠道、模式、评价、影响因素的视角探讨了知识转移对协同创新的影响，认为知识转移为协同创新的成功奠定了基础。

在知识经济时代，无论是协同创新还是产学研协同创新，都是知识资本及知识管理所支持下的创新。因此，无论在协同创新或者产学研协同创新中，都以知识协同为基础。知识协同在协同创新或产学研协同创新中发挥着举足轻重的作用。在影响协同创新的众多要素中，知识协同的重要性已经被广泛关注和重视，但如何实现知识协同，却一直是一个悬而未决的问题。尽管如此，人们普遍认为知识协同是一种或若干种知识活动,通过知识转化、知识转移、知识共享等知识行为来实现。

1.2.4 产学研协同对知识管理行为及协同创新绩效的驱动效应研究

从知识管理的视角来看,产学研协同的过程就是对知识管理行为的驱动过程,当知识管理行为达到一定效果后,就会自然产生协同创新绩效。在协同创新过程中,知识管理行为一直在发生变化,从低级到高级、从生涩到成熟,对协同创新绩效的发展起到了积极作用。一些学者探讨了产学研协同创新对知识管理所产生的驱动效应。当然,这里的知识管理既不是企业单方面的知识管理,也不是高校单方面的知识管理,而是产学研项目中由合作各方共同实施的知识管理。

在西方研究中,早已认识到产学研合作的过程是知识管理行为优化的过程,协同的主要目标之一就是推进知识管理水平的提高。Ankrah等(2013)指出协同创新能够促进产学研过程中知识管理的效率,有利于知识的转移、转化和共享,对知识管理的优化有助于达到协同创新的目标。Barbara(2015)研究了产学研协同创新对知识共享的影响,认为协同创新的力度越大,知识共享的效果就越好,越有可能产生更高的创新能力。Andreas(2015)探讨了产学研协同创新对知识转移的驱动机制,指出产学研过程中会产生出大量的知识转移,而协同行为可以加快知识转移,进而提升协同创新绩效。Fernández-Esquinas等(2016)以知识转移的视角阐述了产学研协同创新活动,指出协同创新能够通过对产学研知识转移的促进而实现合作开发的目标,协同效应与知识转移之间存在显著的正相关。Azagra-Caro等(2016)认为,产学研协同创新之所以对企业技术进步缺乏有力促进,主要是没有关注知识管理对协同的影响,并分别分析了企业、高校、科研机构在协同创新中的知识投入、知识创造和知识运用。

国内研究者也同样关注了产学研协同创新对知识管理行为的促进效应,认为知识管理在协同创新中存在着传导作用。魏奇锋、顾新(2013)以知识流动的视角阐述了产学研协同创新的机理,并将其明确为产学研参与主体各方知识流动的过程,并认为存在知识共享、知识创造和知识优势等三个不同的阶段。涂振洲、顾新(2013)认为,知识的流动伴随着产学研协同创新的全过程,是企业、高校、研究机构通过知识共享发挥知识"溢出效应"的过程，在这个过程中，形成了创新主体的知识优势。潘郁等（2014）认为，产学研协同创新是产学研参与组织间彼此进行知识的共享、协同与知识创造并产生知识优势的过程，知识协同主体在环境、知识客体、合作模式等因素的影响下与各种资源、人员、组织、环节形成匹配关系，进而产生协同效应。巩永华、薛殿中（2015）探讨了参与主体间知识协同的过程，提出该过程中的知识协同就是知识在企业、高校、研究机构之间的转移、吸收、消化、共享、集成、利用、重构的过程。张忻、王克勤（2015）认为，知识融合是产学研协同创新的关键，强调在产学研合作中，增强知识获取能力、提升知识加工水平、改进知识传播渠道是促进产学研协同创新中知识融合的有效路径。金惠红等（2015）强调了产学研协同创新中知识协同所发挥的重要作用，指出在协同的过程中，知识的品质和含量均发生了变化，从而引发了创新绩效的突变。王欣、刘蔚（2016）解析了产学研协同创新中知识转移的一般模式，运用动态能力理论分析知识转移的过程，构建了产学研协同创新知识协同模型。吴悦等（2016）研究了产学研协同创新中的知识流动问题，认为如何控制、引导、激励知识流的变化来调节合作主体间相互作用，进而促进知识协同的绩效，是协同创新成功的关键。罗琳等（2017）就产学研协同创新中知识协同的影响因素进行了研究。结果表明，参与主体间的协同意愿、知识能力和知识异质性对知识协同具有重大影响，但是复杂环境负向影响知识协同。可见，产学研协同可以积极地促进知识的转移、转化和流动等知识行为，进而提高产学研绩效。协同创新与知识管理联系密切，如果在协同创新中增强了知识管理效率，则非常有助于协同目标的实现。

1.2.5 产学研协同创新中对"协同"内涵与机理的研究综述

现有的关于协同创新的研究依然未脱离传统的合作创新概念，通常包含了沟通协商、资源分配、共同投资等行为的框架模式。只有为数不多的协同创新研究将协同思想纳入其中，在研究中分析如何促成公平、信任、互惠等机制来推动合作创新向协同创新转变。行为经济理论的成熟为协同创新的研究提供了良好的理论基础。行为经济理论认为合作行为并不应该受理性经济人的理论所约束，协同创新的参与者不仅会强调自我的利益，同时也会照顾合作方的利益，从而培育协同创新所需要的公平、信任、互惠的环境，由此扫除合作创新过程中的阻碍，为创新协同提供可能。

很多学者注意到合作意愿对协同创新所发挥的积极影响。Eom 和 Lee（2010）指出，在决定产学研协同创新成败的因素中，合作意愿所发挥的作用可能超过了资源投入的作用。李云梅、乔梦雪（2015）也指出了合作意愿是产学研协同创新的前提条件，对产学研协同创新绩效具有显著影响，但其研究结果也发现，合作意愿并不决定协同创新成果的转化。换而言之，合作意愿与成果转化两者之间并非显著的正相关关系，合作意愿是成果转化的必要条件而非充分条件。

一些学者从生物共生的视角对协同开展研究。Agusti 和 Josep（2008）认为当协同创新参与组织间拥有高水平的信任时会产生共生机制，也就形成了协同创新。曹文杰等（2010）就互惠性共生机制对我国产学研联盟的影响进行了研究，认为互惠性能够有效降低参与组织所面临的协同风险，互惠机制的不完善是影响产学研协同创新发展的主要原因。林少疆等（2016）基于生物共生理论阐释了产学研协同创新内在逻辑，认为协同创新是企业与高校之间的共生行为，研究结果表明共生行为能够显著地正向影响协同创新能力。

部分学者还研究了公平偏好在产学研协同创新中的作用。Park 和 Leydesdorff（2010）分析了公平性在产学研协同创新中所发挥的作用，认为协同创新的各参与主体应在公平的基础上进行利益分配、信息交流和意见采纳等活动。刘爽腾、蔡启明（2016）认为，公平偏好对协同创新的成败发挥着重要影响，并由此提出了横向公平偏好和纵向公平偏好的思想，指出以企业为主体进行公平利益分配模式构建是决定创新成功与否的重要条件。

许多学者研究了信任程度对产学研协同创新的影响。Bodas Freitas 等（2013）探讨了新兴工业化国家产学双方如何进行产学研协同创新的实现路径，指出参与各方彼此间的信任不足是阻碍协同创新的主要原因，只有建立参与主体间的高度信任才能保证产学研协同创新的成功。陈忠卫（2014）通过对 3 家典型企业产学研合作案例进行比较分析，研究参与主体间的信任在产学研协同创新过程中所发挥的影响，认为信任具有扩散效应，可以从个体层面扩展到团队层面与组织层面。

薛克雷、潘郁（2014）探讨了产学研协同中信任行为的演进，并通过演化博弈理论构建研究了产学研协同创新信任关系演化博弈模型，研究表明博弈双方相互信任对协同收益具有积极影响。刁丽琳、朱桂龙（2014，2015）研究表明，产学研协同创新参与主体之间的信任对产学研合作成功发挥着重要影响，原因在于信任能够提升参与者对知识的吸收与转移能力，提升参与者进一步合作的意愿。黄劲松、郑小勇（2015）认为在有关产学研协同创新的大部分情景中，契约对产学研协同创新的影响要低于信任在其中所发挥的作用。陈柳（2015）认为，在促成产学研合作的过程中，信守承诺的积极影响要大于契约约束。

"协同"本是物理学的概念，近年来被逐渐引入并应用于社会学、经济学和管理学领域。通过对现有文献的整理表明，国内和国外学者对协同的界定和机理还存在一定的认知差异，在理论上还没有形成统一的认识，实践中也没有将协同的思想很好地运用到产学研过程中，未来的研究仍需在理论上和实践中进行不断的探讨和深化。同时，协同的内涵和机理表现出的不同形态与作用路径也尚未明确。在不同的产学研环境下，产学研协同的方式也是不同的。因此我们认为，当多种要素的结合产生高于合作创新的效能时，应该视为一种协同。

1.2.6　产学研协同创新中引入新因素的相关研究

在产学研协同创新研究中，对"协同"的突破已经成为当务之急。Haken（1971）指出协同的精髓是将无序变为有序，但是在管理领域如何进行变换，却是一个混沌领域。一些研究（Agusti & Josep，2008；Bodas Freitas et al.，2013；刁丽琳、朱桂龙，2015；林少疆等，2016；刘爽腾、蔡启明，2016）试图从信任、公平、共生的视角进行突破，虽取得了一些成果，但没有实质性进展。同时，也有学者意识到知识协同在推动产学研协同中所发挥的重要影响，有利于拓展产学研协同研究的理论视角，但由于没有寻找到知识行为的基石，没有认识到所有的知识行为都是知识转化的衍生与表现，因而未能将Nonaka的知识转化理论纳入协同创新系统。

鉴于此，产学研协同创新的研究可向两个方向扩展：一是将互惠偏好理论引入协同系统，以实现对信任、公平、共生性协同的再次超越；二是从知识转化视角来分析协同的微观领域，力图实现知识协同的透彻阐释。

（1）互惠性偏好为产学研协同创新赋予新的活力

① 互惠性偏好理论在生物、政治、社会学领域的应用

互惠理论始发于生物学研究，主要探究生物间的互惠行为以解释人类行为，后被学者运用于人类学相关研究。Gintis 和 Samuel（2003）认为，只要群体中有一小部分强互惠主义者，就可以促进并保持群体达到稳定演化均衡状态，群体内的剩余成员将会享受到强互惠正外部性所带来的收益。Thacker（2015）根据人类学的理论视角探究了互惠理论谱系，指出人类社会中存在广泛的互惠行为，其中进行礼物的互换被认为是人们交往过程中人类较早的一种互惠行为。对于礼物交换的探究开启了互惠理论的研究大门。

社会学领域基于互惠理论开展了大量的研究，常被运用于探究当代社会中存在的问题与行为表现。Gintis（2000）通过对人类社会中强互惠行为进行研究，发现人类所表现出来的强互惠行为较以往有所加强。Danková 和 Servátka（2015）以"宪法约束下的制度演化"为主题进行了探讨，认为政府的制度演进过程能够被公众所认知，社会公众的制度演化必须体验这种认知，在政府认同的框架内实现有意识的演化。石磊、钱勇（2004）探讨了长期隐性互惠合约背景中中国传统社会结构超稳定特征，指出长期性在信息甄别模型中的必要性，并分析了超稳定的社会结构对于社会结构所产生的影响。而在政治学的相关研究中，互惠行为通常用于说明理性政治人假设下一些有异于正常认知的政治行为。Gintis 等（2003）围绕政治学中的互惠行为展开研究，指出互惠行为与政治结果之间具有相关关系。纪如曼（2005）以萨特人际关系为理论基础探讨了"冲突"和"互惠"问题，指出萨特的人际关系理论的演化过程，早期萨特的观点认为人类社会中人与人之间的关系实质上如同水火不能相容，后期其又提出人与人之间的关系存在互惠互利，其认知经过了冲突论向互惠论的转变。李晓义、李建标（2009）通过采用比较制度实验法探究互惠、信任等行为和作用机制对治理结构和治理效率的影响。研究表明与互惠和信任等社会偏好互补的治理结构对促进治理效率有着积极作用。

② 互惠性偏好理论在经济学领域的应用

从二十世纪以来，互惠理论被学者运用于经济学问题的研究，获得较为丰

富的研究成果。2001年，为表彰加利福尼亚大学的马修·拉宾（Rabin Matthew）教授对行为经济学所做出的开创性贡献，向其颁发了美国经济学会的克拉克奖章（Clark Medal）。至此之后，大量学者从互惠偏好理论视角对经济学领域的诸多问题或现象进行了大量的研究，并形成了包括行为经济学、新制度经济学、管理经济学等在内的诸多学术分支。

Bowles和Gintis（2004）探析了人口经济中的互惠性效应，认为互惠偏好对传统的人口经济理论将带来较大的冲击。Dufwenberg和Kirchsteiger（2004）阐释了经济学领域互惠的内涵，对Rabin（1993）的经济互惠理论进行了补充和完善。Wu等（2006）研究了互惠偏好在中国经济运行中的效应问题，认为中国经济的互惠效应并不显著。史砚湄（2006）认为互惠是市场经济发展的逻辑主题，形成于利己和利他的混合动机，因而应激活经济利他主义"道德生产力"的主动性，推动形式互惠向实质互惠的转变。卢现祥（2008）认为，从制度经济学的角度来看，产权、交易费用和公共选择等问题的研究都涉及互惠制度的形成问题，互惠制度的研究是新制度经济学的任务，也是其他社会科学的任务。李晓义、李建标（2009）研究了互惠条件下的治理效率问题，认为传统的契约理论都是以自利偏好为基础的，而现实情况是，在经济交往过程中有相当一部分人具有社会性的偏好，不仅只关心自己的收益，也同时关心他人的收益。

③ 互惠性偏好理论在管理学领域的应用

经济学是管理学之母，由于管理学与经济学存在的天然一致性，互惠性经济思想自然会演变为互惠性管理学理念，继而形成互惠性管理学研究。

Bogers和Sarin（1997）研究了互惠性偏好对组织学习的推动作为，认为成员的互惠性是组织学习的动力。Janssen（2001）区分了互惠与公平之间的异同，认为互惠效应和公平效应可以体现于同一个管理行为，两者并不冲突。Gintis和Samuel（2003）认为利他主义在管理学领域的影响中，互惠性偏好和公平性偏好最为显著，完全利他的机会甚微。黄湛冰、万迪昉（2005）研究了管理者时限问题的互惠性解决方法，通过企业与管理者之间序贯互惠均衡的分析，得到了互惠性条件下解决时限问题的五个方向，如重视合作历史、增加对管理者的信任、加大短期行为惩罚等。Sánchez和Cuesta（2005）探讨了互惠偏好在人力资源管理中的作用，认为互惠偏好正在成为人力资源激励的一个重要因素。Sobel（2005）探讨了互惠理论在管理学领域的扩张效应。Pesämaa 和 Pieper（2013）研究了互惠对个人间合作关系的影响，认为互惠动机与行为有助于增进个体之间的合作，进而有助于加强团队之间的合作。Sebald 和 Walzl（2015）研究了互惠理念与行为对契约的影响，认为互惠可以弥补契约的不完备，维持契约的稳定性与有效性。

蒲勇健（2007）将互惠偏好植入了传统的委托－代理模型，实现了互惠偏好下的委托－代理均衡对传统均衡的超越，极大地推进了互惠理论在中国经济学与管理学领域的应用，被誉为 2007 年中国经济学界的一件大事。随后，互惠理论迅速扩展到中国管理学研究的各个方向。

张洪恩、王覃刚（2007）研究了强互惠及其扩展理论，认为强互惠在群体中的自发出现，确保了合作行为在群体内的延续，从而使群体得以成功演化，强互惠的职业化和政府型强互惠能够对不合作者实施制裁。梁学成、万迪昉（2007）基于服务外包的视角研究了企业间的互惠合作模式的创新问题，探悉了价值链、演化和互惠理论对服务外包合作的影响，认为互惠型服务外包是企业间合作发展的平台和动力。王迅、陈金贤（2008）研究了供应链中的互惠与合作关系，分析了传统社会的互惠机制和现代市场经济的契约机制，并探讨了不同合作类型的演化过程和关键性决定要素。王睿等（2009）研究了互惠性金融创新对我国农村小额信贷可持续发展的促进问题，发现互惠性是影响金融机构和农户之间实现小额信贷的重要因素之一。刘敬伟、林昭文（2009）基于研发型团队的样本数据，揭示了互惠性文化与组织学习的融合性，从而为研发型团队技术创新能力的开发提供了有效的启示。蒲勇健等（2009）解析了知识资本管理体系中互惠性文化与互惠性行为对知识转移与知识转化的激励作用，实现了互惠性理论与知识理论的深度融合。万迪昉等（2009）基于两阶段的序贯互惠博弈模型讨论了管理者可信行为与员工努力水平之间的相关性问题，构建了基于员工互惠行为的管理者可信水平与员工努力水平之间的序贯博弈模型，证实了管理者可信行为在互惠环境下的激励作用。

④ 互惠性偏好理论在产学研协同创新领域的应用

近年来，一些研究者开始依据互惠性偏好理论来探究产学研领域的理论和实践问题，认为互惠性动机与行为对产学研协同的成败发挥着重要作用。Etzkowitz 和 Leydesdorff（2000）认为，互惠原则应成为产学研协同创新各参与主体的共识，如果参与主体间不具备对互惠原则的认同，则系统中不可能滋生和培育协同的土壤，更不可能促进参与主体间的协同行为。Leydesdorff 和 Sun（2009）指出产学研协同中存在着互惠，如果参与主体一味地追求自身利益，忽视互惠的准则，则主体间无法开展协同。Fitch（2014）认为，产学研协同的实质就是参与主体间按照互惠准则进行合作，如果参与者之间的互惠行为达到一定的程度，将促使合作创新转化为协同创新。唐震、汪洁等（2015）通过对 38 篇政策文件进行内容分析后指出，在影响产学研协同创新成败的因素中，是否具备积极的互惠行为占据了至关重要的权重，如果参与主体间缺乏对互惠的认同，协同往往难以为继。李云梅、乔梦雪（2015）从系统中参与组织的员工互惠角度对产学研协同创新进行了研究，表明如果产学研协同创新参与主体的参与人员之间具有积极的互惠行为，可以显著的降低参与主体参与人员间的心理距离，化解成员之间的隔阂，提升合作中彼此的默契程度。

（2）知识转化应成为产学研协同创新中知识协同的主体

① 知识转化 SECI 模型

1958 年，英国学者 Polany 将知识资本分为显性知识（explicit knowledge）和隐性知识（tacit knowledge）两种形式，且隐性知识是知识资本的主体，显性知识只是"冰山之一角"，认为这两类知识之间的相互转化产生了新的知识。Polany（1965）强调，我们所知道的远远超过我们所能表达出来的。

管理学大师 Drucker 认为，隐性知识，如某种技能，是很难用语言来描述和揭示的，但可以被演示来证明它的存在，学习隐性知识的唯一方法就是领悟和练习。1988 年，日本学者 Nonaka 在 Polany 知识分类的基础上对隐性知识又进行了细化，将隐性知识分为认知（cognitive）和技术（technique）两个要素。其中，认知是指人脑对外部世界的模拟和理解，表现在范式（paradigms）、信仰（belief）和价值观（perspectives of value）等方面，而技术是指对特定问题的解决方案。

1995 年，Nonaka 提出了知识创新动态理论（a dynamic theory of organizational knowledge creation），构建了著名的知识转化模型，将知识转化分为社会化（socialization）、外显化（externalization）、内隐化（internalization）和组合化（combination）四种基本模式，全面描述了隐性知识和显性知识相互转化的过程，该过程被誉为知识管理理论中具有重大理论价值的知识转化 SECI 模型（Nonaka & Takeuchi，1995）。

②知识转化在管理学领域备受重视

知识转化 SECI 模型提出之后，在知识管理领域引发了很大反响，成为知识管理研究的焦点之一，许多研究者利用 SECI 模型来分析知识行为或知识活动，以及这些行为和活动对企业绩效的促进效应。

Moodysson 和 Coenen（2008）研究了产业集群中知识转化的脉络、路径与特征，认为知识转化不仅可以发生在单个企业，也可以发生在整个集群。Jiang 和 Li（2009）研究了知识转化对技术创新的推动作用，认为在技术创新过程中，存在着大量的知识转化流程，这些知识转化流程的质量决定着技术创新的效果。Daniel（2012）探讨了隐性知识转化在企业竞争力形成中的作用，倡导企业应将隐性知识作为知识管理的重点方向。万涛（2015）研究了隐性知识转化为显性知识的评价判断规则问题，强调了知识外显化在知识转化中的作用。卫武、何敏（2016）研究了跨层级知识转化问题，认为知识转化可以发生在组织层面、团队层面和个体层面。吴晓云、代海岩（2016）研究了知识转化对服务企业竞争力的影响，认为企业竞争力的形成过程就是知识转化的推进过程。方刚、顾莉莉（2019）基于 SECI 拓展模型，通过构建产学研参与者间的知识转化演化博弈模型，发现知识互补性、知识吸收能力和单方违约惩罚等因素能够积极促进知识转化，而知识的私有价值和知识转化平台的占用对知识转化行为具有消极影响。

③产学研知识转化在产学研领域备受关注

在产学研的研究发展中，产学研知识管理或产学研知识协同是一个重要研究领域，其中，产学研知识转化是这一领域的重要研究方向。Tariq（2013）认为产学研中知识转化是一个复杂的流程，转化效果决定着产学研合作的效率，倡导以知识转化为目标来推动产学研合作。涂振洲、顾新（2013）认为在产学研知识协同中，知识转化是最重要的环节，是知识转移与知识贡献的基础。Ellis（2014）

研究了隐性知识转化在产学研中的作用，认为在产学研过程中会产生许多的隐性知识，这些隐性知识只有转化为显性知识或者更深层次的隐性知识，才能推动产学研绩效的上升。游静（2015）研究了产学研协同创新对知识转化的促进效应，认为协同度越高，知识转化的效果就越好。Jasmina（2015）分析了产学研中知识转化的流程，认为在产学研合作过程中存在着大量的知识转化行为。Villani等（2017）阐述了知识转化在产学研协同创新中的重要作用，绘制了产学研知识转化流程图，认为在产学研协同的不同阶段应重点促进不同的知识转化形式。

1.2.7 现有研究的综合评述

现有相关研究对协同创新给予了大量关注，但对于协同的真正内涵和如何实现产学研中的协同还缺乏深入研究，协同创新具体的、实用的、行之有效的策略更有待探索。部分研究学者以信任、公平、共生、参与意愿为理论视角开展研究，深化了对协同的理论研究，给学术界带来一阵清风，但在协同内涵的阐释上还有待突破，他们仍将传统的合作称之为协同。总体而言，现有研究尚未找到协同的本源或本质。

（1）尽管协同逐渐成为协同创新的关注热点，且取得了丰富的研究成果，但如何对创新过程中的协同进行正确的解读，如何认识其本质特征，及如何明确识别协同行为都需要进行进一步的探究。现有的大部分文献中，将协同简单地等同为参与主体间的交流协商、共同合作协议、共同资源投入等，以上行为还属于传统意义上的合作创新概念，尚未达到协同创新的水平。换而言之，现有研究对协同创新的相关研究还流于表面，关于协同创新的本质特征或内在要素的主要内容，尚没有学界普遍认同的结论。

（2）现有研究表明知识协同在协同创新中发挥着重要影响，指出知识协同是协同创新的重要组成部分，并从知识管理理论视角研究了知识转移、知识流动、知识共享、知识配置等对协同创新的影响，但现有研究对于知识管理的重要因素中的知识转化对协同创新的影响还未进行深入的探讨。Nonaka（1995）构建的知识转化SECI模型是知识管理理论的重要理论依据，在知识管理理论的发展过程中具有重要意义，对提升组织知识管理的有效性有着积极作用。所以，进一步探究协同创新中知识转化内在逻辑的演变机制，寻求知识转化的提升改善方法，才能有效地揭示协同创新中知识协同的产生机制，才能从知识管理理论的视角寻求提升协同创新的措施。

对于产学研协同创新而言，产生知识优势是促成协同创新的前提，也是其成功的前提。如果协同中参与主体的知识资源在质量和规模方面没有获得提升，则没有产生知识优势，这将会阻碍协同的有效开展。由知识理论可知，知识转化和知识扩张两者之间具有显著的相关关系，知识转化可以有效地促进知识资本在质量和数量上的提升，而知识共享、知识转移和知识流动等因素都是知识转化产生的知识现象（Tsoukas & Vladimirou，2001）。因此，从知识管理理论视角看，知识转化发挥着重大的影响，成为产学研协同创新研究中基于知识协同理论视角的聚焦重点。

根据知识管理理论，知识转移、知识流动、知识共享、知识互补、知识配置等行为都是知识转化行为的表面形式，都是由知识转化所衍生的外部知识行为，可以被视为由知识转化所产生的具体活动，蕴涵于知识社会化、知识外显化、知识内隐化、知识组合化之中（Nonaka，1995）。

（3）现有研究在产学研协同创新中也关注了信任、公平、共生等非技术要素对协同创新的影响，认为这些非技术要素对协同创新成败的影响要超过契约合同对协同创新成败的影响，也期望从一些新的研究视角拓展当前创新理论研究的空间，深化协同创新理论的研究。但现有研究对这些非技术因素对协同创新的内在机制的揭示还存在不足，原因在于当前的研究者尚未关注到对协同具有至关重要影响的因素——互惠机制。目前，互惠性偏好作为行为经济学的重要理论假设，在管理学研究中获得了大量的研究成果，对新古典经济学下的传统自利型合作模式的研究具有重要的启示，也必将对产学研协同创新研究具有积极的理论意义。

1.3 研究意义

1.3.1 研究的理论意义

（1）将具有非理性特征的互惠性偏好理论、思想和方法融入产学研协同创新的研究之中，扩展了互惠性偏好在管理学领域的应用，深化了行为经济学与管理学的融合，在产学研协同创新领域为互惠性假设下行为经济学的发展赋予了新的价值。

（2）深化了知识理论在产学研协同创新领域的应用，尤其是将知识转化融入产学研协同创造的知识协同分析之中，认为知识协同的基础是知识社会化、外显化、内隐化和组合化，在产学研协同创新领域深化了知识理论，同时发掘了 Nonaka 的经典 SECI 模型在产学研领域的理论价值。

（3）在产学研协同创新研究领域引入互惠性偏好的思想和知识转化的分析方法，不仅为协同的内涵输送了新鲜血液，也使知识协同的阐释进入一个新境界，丰富和深化产学研协同创新理论，有望推动产学研协同创新理论在实践领域实现一个新的突破。

1.3.2 研究的实践意义

（1）提出互惠性协同的思想，将互惠性理念和方法融入协同机制之中，认为互惠性协同不仅可以发生在组织之间，也可以发生在团队之间和成员之间，即企业、高校、研究机构及其所属的各种生产、研发、营销、质检团队和人员在相互合作过程中均可实施互惠性合作策略，因而为产学研协同创新实践中协同行为的实施和优化提供了指导。

（2）在互惠性协同的视角下分析了产学研协同创新中知识转化的机理，详细阐释了知识转化在协同创新中的螺旋式上升流程，深度解析了知识协同的机理，全面推进产学研协同创新中知识社会化、知识外显化、知识内隐化、知识组合化的进程，从而为产学研协同创新中知识管理的增强提供参考。

（3）将互惠性理念和知识转化融入了产学研协同创新研究体系，从一个崭新的视角揭示了产学研协同创新的机理，为产学研协同创新的有效开展提供一个可能的实现路径，为促进协同创新绩效的提升提供指导。

1.4 研究目标和研究方法

1.4.1 研究目标

本文主要研究目标是探讨如何以互惠性偏好实现对产学研协同创新中协同的改进和完善，以知识转化为依托实现对产学研协同创新绩效的促进。研究可以分为四个具体目标：①如何实现高校、企业等参与方的互惠性协同，即如何将互惠性偏好的理念和方法融入协同行为之中；②如何实现互惠性协同对知识转化的促进，即互惠性协同行为对知识社会化、知识外显化、知识组合化、知识内隐化的促进；③如何实现知识转化对产学研协同创新绩效的促进，即探讨在创新绩效提升过程中知识转化的优化方向；④如何在互惠性偏好下，实现西部地区产学研协同创新对东部地区在经验和方法上的借鉴，以缩短我国东西部地区产学研协同创新之间的差距。

1.4.2 研究方法

（1）委托-代理动态博弈分析法。以产学研协同创新为背景，在传统委托-代理模型中植入互惠性因素，通过对激励参与约束与激励相容约束的改进，证明在互惠性偏好下产学研协同创新存在帕累托优化效应。

（2）演化博弈分析法。利用演化博弈模型分析在互惠性偏好激励下，产学研协同创新市场可以从理性市场向互惠性市场转化，在此过程中产学研协同创新的效率不断提升，从而达到最优合作状态。

（3）实证分析法。利用结构方程模型（SEM）检验产学研互惠性协同创新、知识转化与创新绩效的相关性，在以知识转化为知识协同的平台上，揭示互惠性协同创新对创新绩效驱动的微观机理。

（4）比较分析法。在互惠性协同视角下，比较东西部地区产学研协同创新中知识转化的微观路径，寻找东西部知识协同的差异，发现东部地区的优势与西部地区的不足，进而提出西部地区借鉴东部地区的策略。

（5）理论与实践相结合分析法。在检验研究模型基础上，通过对检验结果的分析与对比性分析，结合在我国东西部地区产学研协同创新调查中的实践性认识，提出我国产学研协同创新改进策略及西部地区赶超策略。

1.5 论文结构、研究思路和技术路线

1.5.1 论文结构

第1章是绪论，阐述研究背景、研究目标、研究意义、研究方法，描述技

术路线，重点解析产学研协同创新的研究脉络、研究不足，提出研究问题，点明创新点。

第2章是基本概念界定与基础理论，界定产学研协同创新、互惠协同、知识转化体系中的若干基本概念，并概述互惠性偏好经济理论、协同与协同创新理论、产学研协同理论、知识转化 SECI 模型、演化博弈理论。

第3章是植入互惠偏好的产学研协同创新委托－代理模型分析，即在产学研协同委托－代理机制中，通过互惠性偏好的植入，论证在作为委托人企业的互惠性行为下，可以实现作为代理人高校的互惠性回报，从而实现产学研协同创新的帕累托改进。

第4章是互惠性偏好下产学研协同创新演化博弈分析，借助演化博弈分析方法，分析产学研协同创新市场从理性市场向互惠型市场的转化过程，阐释互惠性产学研协同创新的必要性和可行性。

第5章是互惠性合作及交互效应对产学研绩效相关性研究模型设计，在互惠性协同可以对产学研项目质量、市场适应性、投入产出匹配等要素的促进效应分析的基础上，提出研究假设，进而构建研究模型。

第6章是产学研互惠性协同、知识转化与创新绩效相关性研究模型设计，在产学研互惠性协同对知识转化促进效应分析与知识转化对创新绩效促进效应分析的基础上，提出研究假设，进而构建研究模型。

第7章是问卷设计、样本调查与因子分析，实施互惠性协同、知识转化、创新绩效的要素设计与问卷设计，继而进行数据调查和样板特征分析，在此基础上进行信度检验和效度检验，为模型检验做好准备。

第8章是产学研协同创新、知识转化与创新绩效相关性模型检验，基于结构方程模型理论，借助 Lisrel 软件，分别以总体样本、东部样本和西部样本对研究模型进行检验，并对检验结果进行分析和比较。

第9章是产学研互惠性协同创新的案例分析。产学研互惠性协同创新作为产学研协同创新的一个可行方向，通过对现实案例的分析能够进一步揭示产学研互惠性协同创新的微观机理，从而为协同创新的深化提供可行的理论支持。

第 10 章提出产学研互惠性协同创新优化策略，在产学研互惠协同创新的委托－代理分析与演化博弈分析及研究模型检验结果的基础上，提出产学研协同创新的改进方向、互惠性情境下产学研协同创新的优化策略及西部地区对东部地区的借鉴策略。

第 11 章是结论、不足与展望，归纳本研究的主要研究结论，反思研究不足，指出进一步研究的方向。

1.5.2 研究思路

第一，借助莫里斯－霍姆斯特姆经典委托－代理模型，通过互惠性偏好的植入，从数理分析的视角验证在单个产学研项目中可以通过互惠性合作促成产学研协同创新的实现，使传统产学研合作向产学研协同进行转化。

第二，在互惠性产学研协同委托－代理分析的基础上，借助演化博弈分析的思想和方法，解析产学研互惠性协同的演化路径，证明传统产学研合作创新转化为产学研协同创新在实践过程中的可行性。

第三，依据产学研互惠性协同创新的存在价值，在知识经济环境下，利用现有的相关研究成果，尤其是产学研知识协同的研究成果，经过充分而严密的论证，构建产学研互惠性协同、知识转化与创新绩效相关性研究模型。

第四，基于我国产学研项目的总体样本和东西部样本，利用 SPSS20.0 软件和 Lisrel8.7 软件，分别对研究模型进行检验，从组织、团队、个体层面揭示互惠性行为对产学研绩效促进的微观路径与机理，发现互惠性行为的优势功能与不足之处。

第五，根据模型检验的结果，结合对产学研协同创新的调查性认识，提出知识转化平台上产学研协同的互惠性改进策略，同时提出互惠性协同下西部地区向东部地区的借鉴策略，从而全面促进我国产学研协同创新的成长。

1.5.3 技术路线

根据研究内容、研究思路与研究方法，本研究的技术路线如图 1-1 所示。

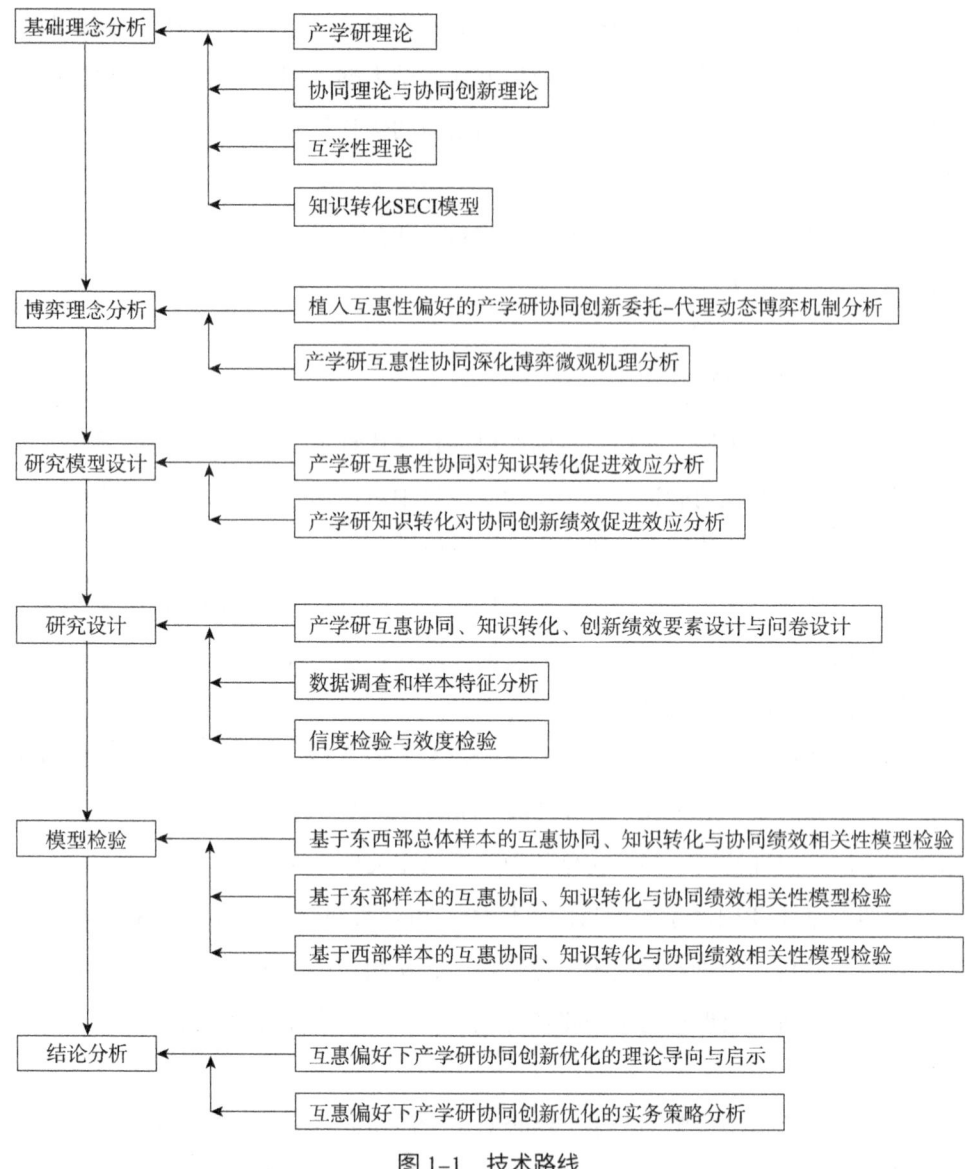

图 1-1 技术路线

1.6 研究创新点

（1）运用委托-代理模型中激励参与约束、激励相容约束的博弈均衡理论与演化博弈理论，论证了互惠性协同创新的有效性。在产学研互惠性协同创新框架下,通过植入互惠性偏好的莫里斯-霍姆斯特姆委托-代理模型均衡机制分析和互惠性协同创新演化博弈机制分析,论证在互惠行为下,产学研协同创新的效率高于理性合作下的效率,存在着互惠性帕累托最优状态,同时验证了在一定条件下,理性产学研协同创新可以实现向互惠性协同创新的转化,不仅提升了参与双方的收益,也提高了整个市场的创新效率。

根据演化博弈分析的结果可知,在产学研协同创新中,当互惠性偏好的参与者达到一定比例后,理性产学研协同创新可以实现向互惠性协同创新的转化,根据微分方程的"稳定性定理",在一定条件下,可以存在互惠型的稳定状态,即通过演化博弈机制的作用,参与方全部成为互惠型参与者,并使产学研协同创新市场达到最优效率状态。

(2)从互惠性培育的视角探索产学研协同创新的改进方向,发现互惠性协同可以实现对传统合作创新的超越,增进产学研合作绩效,进而提出互惠性产学研协同的实现路径措施。

现有研究表明,在我国产学研协同创新的实践过程中,高校与企业在组织层面、团队层面和成员层面均可以实施互惠性协同创新,且在现有的产学研协同中,组织层面互惠性协同效果最好、成员层面互惠性协同效果次之、团队层次互惠性协同效果最差。因此,我国产学研互惠性协同创新的改进,应以成员层面互惠性为重点,大力提高企业与高校或科研机构派出团队之间的互惠性行为。

(3)在互惠性偏好下,从知识转化视角探析产学研协同创新的知识整合机理,揭示了知识转化要素在协同创新中的作用,发现知识组合化、知识外显化在协同创新中发挥了重要作用,知识内隐化的协同功能只得到了部分实现,而知识社会化处于严重的功能缺失状态。在此基础上,提出了产学研协同创新中知识转化的优化与驱动策略。

第 2 章　基本概念界定与基础理论

在本研究中，涉及的基础理论包括互惠性偏好经济理论，协同、协同创新、产学研协同创新理论，知识转化理论，演化博弈理论及结构方程模型。Rabin 教授的互惠理论在经济学与管理学领域产生了巨大影响。Nonaka 教授的知识转化理论是知识管理研究领域的里程碑。

2.1　基本概念界定

2.1.1　产学研协同创新类基本概念

（1）协同：哈肯（Haken）认为协同是在一定的环境中，系统整体能够通过各子系统的相互配合实现系统整体的结构和功能有序运行，并强调，协同不是一般性的合作，而是一种深入的、默契的、高效的协作。

（2）协同创新：指系统中的各个参与主体在履行各自的角色责任并获得增效的过程中，通过机制安排形成子系统间的良好互动、实现整个系统效率大幅提升的活动。

（3）产学研合作创新：指大学、研究机构、企业联合协作进行技术攻关的行为或过程，包括产学研联合、产学研结合、产学研用结合等产学研传统合作模式。

（4）产学研协同创新：对产学研合作创新的超越，指大学、科研机构、企业以创新资源共享和创新优势互补为基础，以联合开发、利益共享、风险共担为原则，共同开展技术创新活动的合作模式，在实质上是技术、人才、信息和管理等创新要素的有效整合。

（5）产学研协同创新绩效：产学研协同创新的结果或成效，或产学研协同预期目标的实现程度或完成程度。

2.1.2 互惠性协同类基本概念

（1）互惠性偏好：1998年，哈佛大学Rabin教授从经济学的视角对互惠偏好的内涵进行了阐释，主要包括三点特征：一是个体愿意以自身的福利支付为代价来支持善待自己的人；二是个体愿意以自身的福利支付为代价来回击对自己怀有恶意的人；三是福利支付的代价越小，上述两种心理偏好越强烈。

（2）互惠性协同：合作方以互惠性偏好动机和行为进行支撑的协同。

（3）组织间互惠性协同：在产学研协同创新中，企业和高校在组织层面所实施的互惠性协同行为。

（4）团队间互惠性协同：在产学研协同创新中，企业和高校在团队层面所实施的互惠性协同行为，包括双方参与的研发团队、营销团队、质检团队、生产团队之间的互惠性协同行为。

（5）成员间互惠性协同：在产学研协同创新中，企业和高校在人员层面所实施的互惠性协同行为，包括双方参与的技术人员、营销人员、质检人员、生产人员、后勤人员之间的互惠性协同行为。

2.1.3 知识转化类基本概念

（1）知识转化SECI模型：1995年，日本学者野中郁次郎（Nonaka）与竹内广隆（Takeuchi）提出了经典的知识转化螺旋模型，即SECI模型，认为知识转化是一种螺旋上升过程，包含知识组合化、知识外显化、知识内隐化、知识社会化四个阶段，从而推动了技术创新成长。

（2）知识组合化（Combination）：指显性知识的转化，即从一种或几种显性知识转化为一种或几种更为重要的显性知识。

（3）知识外显化（Externalization）：指从隐性知识到显性知识的转化，即从经验、思想、创意、技巧到形成制度、规范、标准、指南的过程。

（4）知识内隐化（Internalization）：指从显性知识到隐性知识的转化，即从制度、规范、标准、指南等上升到更深层次的经验、思想、创意和技巧。

（5）知识社会化（Socialization）：指隐性知识的转化，即从经验、思想、创意、技巧上升到更有价值的经验、思想、创意和技巧。

2.2 基础理论

2.2.1 互惠性偏好经济理论

互惠性偏好理论源于生物学领域，从生物学传播到政治学、社会学、经济学和管理学领域。在达尔文利他主义难题的驱动下，哈佛大学的生物学家罗伯特·特里弗斯（Robert Trivers）提出了互惠性的思想。随后，密歇根大学政策学和公共政策教授罗伯特·阿克塞尔罗德（Robert Axerod）与生物学家威廉·汉密尔顿（William Hamilton）对互惠性理论进行了深入的探讨。在他们看来，互惠意味着，即使理性的个体之间存在着利益冲突，但是，如果施惠者认为可以在以后得到受惠者的回报，互惠行为照样可以发生。

Rabin（1993，1998，2002）认为互惠性偏好是指即使个体采取某一活动无法带来具体的收益，个体仍然会对他人表现出的善意和敌意的行为采取相应的应对策略。

Rabin（1993）指出互惠性偏好与公平性偏好两者之间存在差异，公平性偏好不存在施恩或回报的期待，个体采取行动的唯一标准是效用均等性。而对于互惠性偏好，由于利他主义不要求均等回报，个体采取行动的唯一标准是最大限度提升他人的效用。

Rabin（1998）指出在人的社会性活动中，我们可以普遍发现以下三种现象，为验证互惠性偏好理论的合理性提供了现实依据：一是个体愿意以牺牲自身的福利支付为代价来支持善待自己的人；二是个体愿意以牺牲自身的福利支付为代价来回击对自己怀有恶意的人；三是当个体感知自身福利支付的代价越小时，上述两种心理偏好对人的行为影响越多发。

Rabin（2002）通过界定友善函数的内涵优化了传统的效用模型，将互惠性偏好融入其中，有利于完善对互惠性特征的理解。Rabin 模型的具体内容如下：假设某一局中存在两个人 i 和 j，a_i 是 i 所选择的战略，b_j 是 i 关于 j 所选择战略的信念，c_i 是 i 持有的 j 判断 i 所选择战略的信念，R_i 是 i 的收入，R_j 是 j 的收入，上标 h 表明最高收入，l 表示最低收入，e 表示平均收入，即 R_j^h 为 j 的最高收入，R_j^l 为 j 的最低收入，R_j^e 为 j 的平均收入，R_i^h 为 i 的最高收入，R_i^l 为 i 的最低收入，R_i^e 为 i 的平均收入。

局中人 i 对局中人 j 的友善函数定义为：

$$f_i(a_i,b_j) = \frac{R_j(b_j,a_i) - R_j^e(b_j)}{R_j^h(b_j) - R_j^l(b_j)}$$

局中人 i 关于局中人 j 是怎样友善地对待他自己的信念函数定义为：

$$\tilde{f}_j(b_j,c_i) = \frac{R_i(c_i,b_j) - R_i^e(c_i)}{R_i^h(c_i) - R_i^l(c_i)}$$

这两个友善函数可以很好地阐述局中人的偏好问题。每个局中人 i 选择 a_i 最大化其期望效用 $U_i(a_i,b_j,c_i)$，它融合了物质效用及局中人共同认可的互惠性偏好。效用函数定义为：

$$U_i(a_i,b_j,c_i) = R_i(a_i,b_j) + \tilde{f}_j(b_j,c_i)[1 + f_i(a_i,b_j)]$$

Rabin 函数模型从互惠性偏好的视角拓展了新古典经济学效用理论的边界。Rabin 开创性地将"互惠性"界定为"当他人对你友善时你也对他人友善，当他人对你不善时你也对他人不善"，并且将互惠性的内涵运用经济理论进行了阐述，即"如果个人通过牺牲自己的效用（收益或利益）去降低他人的效用（收入或利益），则被认为个体对他人不友善；相反，假如个人通过牺牲自己的效用（收入或利益）去提升别人的效用（收入或利益），则被认为个体对他人友善。"

Fehr 和 Gäuchter（2000）认为，个体的目标是追求满意（gratifications）的最大化。由于人们在社会互动过程中存在着追求回报的倾向，因此，互惠是个体之间社会互动的基础。Sanfey 等（2003）认为，互惠的益处是促进个体之间社会纽带的形成，如果缺少互惠，则会产生地位分化。互惠性经济是人类经济发展史中一种崭新的经济模式，是生产力发展和社会进化的必然结果，在现代经济中已经初显端倪。目前，互惠性经济效应或管理效应已经在各个行业中显现，对新古典经济学下的正统经济模式带来了强大的冲击和挑战。这种经济效应更贴近于现实的经济特征，能够对于正统经济下无法解释的经济现象给予合理的阐释，因而受到众多经济主体的青睐。

2.2.2 协同、协同创新、产学研协同创新

（1）协同学与协同

1971年，德国物理学家哈肯（Haken）提出了协同概念。其在进行激光理论的研究中发现，在特定的环境中，彼此间独立的发光原子可以在相位上形成完全相同的激光，同时，发光原子所处的光电场也会呈现出类似的现象。哈肯对这种现象进行了深入的探索，创立了协同学，核心思想是，在一个开放系统中，如果处于远离平衡状态，那么，可以通过系统内部各类要素的协作来实现该系统在时间、空间与功能上的有序化。

协同理论认为，并非每一个系统都可以从无序向有序转化，转化成功的关键是在一定条件下，系统内部各子系统只有产生非线性的相互联系形成相干效应并达到相当水平后，才可形成系统结构与功能的有序化。

协同理论提出之后，不仅在自然科学领域获得了反响，在社会科学领域也备受青睐。其中，协同创新就是协同理论在管理学领域的应用。

1976年，哈肯系统论述了协同理论，界定了协同的概念，认为协同是在一定的环境下，系统整体能够通过子系统要素彼此的相互影响实现系统的结构和功能由无序转向有序。并指出，协同与一般性的合作关系存在差异，是一种更深层次、彼此间肝胆相照的高效协作，只有当子系统要素间的有序水平达到一定程度后才能实现。

哈肯（Haken）协同论的思想主要体现于三个方面：第一，协同效应，即对于一个系统而言，当物质的集聚状态达到某种临界值时，子系统之间就会发生协同作用，导致系统发生质变，从无序变为有序，从混沌中衍生某种稳定结构；第二，

支配原理,也称为伺服原理,即系统的演变都会受到外部因素的干扰,其中,关键的干预因素称为主导参数或序参量,而对重要的序参量的发现至关重要;第三,自组织原理,即在没有外部指令的条件下,系统内部的子系统之间可以按照某种规则自发地形成一定的结构或功能,但在一定的外部能量流、物质流、信息流输入的条件下,系统又会通过众多的内部子系统之间的协同作用而重新形成新的时空结构或功能结构,从无序变为有序。

(2)协同创新

1965年,管理学家安索夫在《公司战略》一文中开创性地阐释了协同创新的思想,认为协同效应是系统内各要素的一种联合效应,可以通过组织中业务单元的合作使组织的整体收益大于每个业务单元的独立收益之和。

协同创新是组织中的一种天然性行为,在这种环境下,组织可以通过资源、服务的共享与组织间的相互作用来实现创新(Chesbrough,2003)。所谓创新协同,就是指系统内各个参与要素在履行自身角色功能并提升自身效率的前提下,通过机制安排,形成子系统间的良好互动,实现整个系统效率大幅提升的活动(许庆瑞,2006)。协同创新是"通过知识创造主体和技术创新主体间的深入合作和资源整合"来实现的,可以"产生$1+1+1>3$"的非线性效应(陈劲,2009)。协同创新是一种非线性过程,通过非线性的相互作用来产生单凭企业自身无法实现的整体效应,且在这个过程中,合作者之间既存在着相互竞争和制约,又相互协同和受益(胡恩华、刘洪,2007)。协同创新的成功依赖于技术、市场、战略、文化、制度、组织、管理等要素的流动(Xie et al.,2016)。Canhoto等(2016)在分析协同创新的运营过程时,认为人员、知识、技术、资金、信息、政策、制度等是协同创新的支撑因素。

(3)产学研协同创新

协同创新的核心机理是创新要素的非线性集成和创新主体的协同进化,表现为协同主体(产学研)之间及其与外部环境(如政府政策、支持性机构、价值链要素等)之间的多项联系。因此,产学研协同创新系统是一个涉及多个主体(企业、大学、研究机构)、多类要素(知识、信息、人员、资金)、多种目标(系统目标、组织目标)和多级层次(战略协同、知识协同、组织协同)的复杂系统。

产学研协同创新就是大学、专业研究机构、企业在合作创新的基础上,利用协同的思想来寻找最恰当的协同方法,在实现对合作创新方式的超越时,也对创新绩效带来突破的行为(Kazuyuki,2005)。产学研协同创新其实是一种资源整合,是技术、人才、信息、管理才能等创新要素的整合,需要遵从联合开发、利益共享、风险共担的原则,在这个过程中实现大学、科研机构、企业的优势互补(孙思思,2013)。产学研协同创新就是指高等院校、研究机构、企业等参与者在资源、能力等方面所进行的协同技术开发活动,一般建立在优势互补基础之上(Zhong et al.,2016)。

2.2.3 知识转化 SECI 模型

知识转化理论是知识管理理论的一个重要分支,日本研究者野中郁次郎(Nonaka)与竹内广隆(Takeuchi)在该领域做出了重要的贡献。他们认为,企业不仅应用知识,也创造知识,知识活动是解释公司行为的基本单位。1995年,他们合作出版了《知识创造的公司》一书,提出了著名的 SECI 知识转化模型(Nonaka & Takeuchi,1994)。野中郁次郎在构建的 SECI 模型中提出,知识转化存在四种模式:社会化(Socialization)、外显化(Externalization)、组合化(Combination)、内隐化(Internalization)(Nonaka & Takeuchi,1995)。

英国哲学家波兰尼(Polany)认为,知识存在着两种形态,即隐性知识和显性知识。前者是无法用语言、文字、图表等明确表达的知识。显性知识是可以用语言、文字、图表、数字明确表达的知识,而隐性知识是"只可意会、难以言传"的知识。野中郁次郎(Nonaka)与竹内广隆(Takeuchi)认为,知识的形态不是静止的,而是始终处于变化之中,从一种存在形态向另一种存在形态转化,或者在同一种形态内部转化。在这个转化过程中,知识得到了锤炼,变得更加有效,不断实现知识创新的螺旋上升。

如果一类知识从隐性知识的状态转化到另一种隐性知识的状态,则称之为知识社会化。如果一类知识从隐性知识的状态转化到显性知识的状态,则称之为知识外显化。如果一类知识从显性知识的状态转化到隐性知识的状态,则称之为知识内隐化。如果一类知识从显性知识的状态转化到另一种显性知识的状态，则称之为知识组合化。知识转化理论提出之后，被迅速应用到管理学的各个领域，极大地推进了知识管理理论的进展。

2.2.4 演化博弈理论

基于演化博弈理论在生物学和数学领域的研究中已经获得了丰富的研究成果，演进式模型适用于针对不同环境下的动物行为和揭示生物进化的过程所开展的研究。随着相关理论研究的深入，学者们发现经济演化与生物演化在一些特性上具有高度的相似性。因此，越来越多的学者运用生物演化理论来研究经济学中存在的问题，有效阐释了经济运行过程中发生的系列现象，同时也有效预测了经济发展趋势，产生了一系列的研究成果，使演化博弈理论成为现代经济学理论研究的一个有力的理论工具。

演化模型能够通过基因复制动态的机理进行阐述：在动态复制的过程中，一个种群内的不同群体会采取不同的策略进行相互博弈，为了探究种群内各群体的演化过程，假设种群内群体的适应能力决定了其生存能力。由此，我们可以构建群体博弈的动态演化模型：一般而言，对生物博弈的探究采用马尔萨斯动力系统进行分析，也被称之为 RD 模型。按照 RD 模型，当种群内的一个群体的适应能力优于该种群的平均水平，则这个群体的复制能力较强，个体数量会增加，在种群中的比重会上升。但当一个群体的适应能力低于平均水平，则这个群体的复制能力较差，个体数量会减少，导致该群体在整个种群中的比重降低。

第 3 章 植入互惠性偏好的产学研协同创新委托 – 代理模型分析

2001 年，美国经济学联合会的最高奖——两年一度的"克拉克奖（Clark Medal）"授予加利福尼亚大学伯克利分校的 Rabin Matthew 教授，以表彰他对互惠性经济理论开创性的卓越贡献。2007 年，重庆大学蒲勇健教授将互惠性偏好植入委托 – 代理模型，成功实现了非理性偏好对理性偏好的利益超越，被誉为"2007 年中国经济学界的一件大事"。在产学研协同创新领域，同样也存在互惠性经济效应。

3.1 互惠性经济思想的兴起及在产学研协同创新中应用的可行性

一个多世纪以来，新古典经济学积极地促进了现代经济学和管理领域相关理论的发展。但是，随着实践和理论研究的不断深入，许多现象表明以往基于亚当·斯密理性经济人假设的传统经济理论并不能对一些经济现象或行为进行合理的解释说明，迫切需要创建一些新的理论视角对一些问题进行深入的研究。在社会经济活动中，以往基于理性经济人自利动机驱动的假设，无法利用该假设对全部的经济行为进行说明，部分行为的非理性动机完全脱离了该经典假设，如互惠、公平、利他等经济活动中所表现出的行为现象。随着社会经济的进一步发展可以发现，非理性动机在经济活动中的作用越来越重要，实践中表现出的非理性动机和行为越来越被研究人员所重视,从而弥补了新古典经济理论在研究中的不足,对于丰富理论发展起到积极作用。随着学界对行为经济学和实验经济学的探究不断深入,利他型经济效应已成为广大学者研究聚焦的热点,其中基于互惠经济效应开展的管理领域的研究成为管理理论研究的关注重点之一。

互惠性偏好理论的运用早期始于生物学领域,主要探讨生物群体内发生的系列互惠生存行为,为进化论的合理性提供了有力的理论支持。在20世纪中叶,政治学和社会学领域的学者开始从互惠性理论视角对政治和社会现象进行探究,对错综复杂的政治和社会纠纷进行了合理的阐述。Gouldner(1960)较早就互惠性问题进行了探究,就一些领域中的互惠行为进行了一系列的研究,结论也明确表明了互惠行为对关系发展和维护所发挥的积极作用。20世纪八、九十年代,随着互惠性理论研究的不断深入,互惠性思想逐渐引起了经济和管理领域学者的关注,进而拓展了互惠性理论的运用。Robert和Robert(1981)对互惠利他的概念进行了初步的界定,认为当施惠者在与受惠者互惠的过程中获得一定的回报时,即使两者之间存在一定的利益冲突,两者之间也会产生合作的意愿。Matthew Rabin(1993)指出,互惠是指人们对友善的行为回报以友善的举动,对不友善的行为回报以不友善的举动,友善的行为称为正互惠行为,不友善的行为称为负互惠行为。Sobel(2005)认为,当人们不考虑将来的支付时所表现出来的互惠行为称为内在性互惠,而考虑将来的支付时所表现出来的互惠性行为称为帮助性互惠。Samuel和Herbert(2004)认为,当群体内的个体之间进行合作时,如果群体内的成员不遵守群体的共同规范,其他成员牺牲个人利益采取行动惩罚违背群体规范的行为称为强互惠行为,即使采取的行为不能获得可预见的回报。换而言之,互惠是对他人展现出的友善行为给予积极正向的回应,相反对他人表现出的非友善行为给予负向的反馈或报复。显而易见,互惠性和理性经济人的理论思想之间具有本质上的不同。依据理性经济人思想,个人采取行动的出发点在于追求个人利益最大化。因此,个人对他人所表现出的恩惠行为无需进行相应的回报,而当面对他人的利益侵犯行为时,由于考虑报复成本对个人利益的损害,也将放弃实施报复行为。随着经济和管理领域研究的不断深入,互惠性理论在研究中越来越获得学者的认可,我国学者也从互惠性理论的视角对经济学和管理学领域中存在问题进行了探究，尝试对一些新经济学理论无法回答的一些现实问题进行合理的解释，寻求现象背后隐藏的运行机制。匡小阳（2002）通过对一些国外著名学者关于互惠概念研究的整理和分析，提出互惠性基于正义制度上所呈现出的人际关系形式，具有公平、合作和协调等特征，体现了与正义相关的本质特征，是保证正义有效建立的必要前提。郭菁（2005）分析了互惠利他博弈，认为互惠利他博弈应满足三个基本前提，博弈者在社会交往中具有理性，博弈是非零和的，博弈是叠演的。并指出互惠利他理论的本质是建立在回报基础之上。吕士胜（2006）对康德哲学中的互惠内涵进行了探讨，认为康德提出的道德辩护思想的"先验自由"和"道德规律"就是有关互惠的界定。刘林海（2008）基于宗教的角度对互惠与利他的概念进行了研究，提出互惠性的救济是基督徒的责任和义务，也是确认基督徒身份的判断标准。重庆大学蒲勇健教授2007年在基于Rabin关于互惠性的相关研究上，通过互惠偏好理论探讨了委托－代理模型，弥补了帕累托最优理论的不足，实现了非理性偏好对理性偏好的超越，对我国经济与管理领域的相关研究具有重大里程碑意义。

　　近年来，互惠性经济与管理效应开始受到研究者的关注，其在理论和实践中的具体作用还有待更深入的探究，对管理领域的变革所发挥的作用需要进一步的验证。因此，在产学研协同创新的相关研究中，我们借助互惠性理论的观点、方法和思想，则有可能突破当前在产学研协同创新项目实践中所经常面临的进退维谷的境地，发现促进协同的有效方法，将理论中的协同转变为具体项目中真正的协同，进而推动产学研协同创新项目的理论和实践的发展。自2011年协同创新被我国政府上升为提升创新能力的国家战略以来，虽然在创新成果上取得了一些成果，但在很多领域中并未获得显著的成绩，尚未达到产学研合作创新所期望的目标。在实践中，一些创新项目虽然被冠之为协同创新，而实践中却表现为传统合作创新模式。因此，能否通过互惠性平台来搭建符合我国实际的产学研创新模式，构建起符合协同创新本质要求的运行机制，是摆在我国产学研学者和实践者前面的重要课题，也是事关我国创新国家战略实现的重要问题。

3.2 委托 – 代理下产学研协同创新的逆向选择和道德风险分析

委托 – 代理模型在经济管理的理论和实践中被大量的运用。在参与博弈的双方中，由于各方拥有信息的不对称，占据信息优势的一方称为"代理人"，另一方称为"委托人"。委托 – 代理模型构建的前提就是双方信息的不对称。通过对现有研究进行梳理可以发现，信息的非对称性可从非对称发生的时间和非对称信息的内容进行划分。按照非对称发生的时间进行划分，对事前非对称信息进行博弈的模型为逆向选择模型，对事后非对称信息进行博弈的模型为道德风险模型。另外，按照非对称信息的内容进行划分，所谓非对称信息是指一些参与人的行为，对此类问题研究所构建的模型，被划分为隐藏行为模型。如果是某些参与人隐藏的信息，对此类问题研究所构建的模型，被划分为隐藏信息模型。

产学研协同创新是一种典型的委托 – 代理机制，满足构建委托 – 代理关系的要求。王卓君、李朝阳（2005）对产学研合作关系双方存在的委托代理模式进行了研究，发现产学研合作各方存在委托 – 代理关系。具体而言，企业是委托 – 代理模型中的委托方，而高校和科研机构是模型中的代理方。通过委托 – 代理关系，企业提高了自身收益，同时，让高校和科研机构也提高了收益。换而言之，在进行产学研合作活动中，企业委托具有知识（信息）优势的高校或科研机构开展特定项目的建设或技术研发，使企业获得成果的收益。同时，企业也应转移一定的收益支付给委托方，以提升受委托的高校和科研机构的合作意愿。

在产学研协同创新委托 – 代理模型中，高校、研究机构在知识或信息上占有优势，而企业在知识或信息上则不具备优势。因此，在协同创新活动中，高校或研究机构掌握着创新所需的必要知识或信息，而企业缺乏相关优势，因而，企业在协同创新中就充任着辅助角色。在协同创新项目开展时，高校和研究机构的参与人员充任创新任务攻关的核心，而企业的参与人员更多地发挥着辅助服务功能，如协助研发的生产、质检和市场营销等。

依据理性经济理论，产学研协同创新中可能产生明显的逆向选择行为。具体而言，在合约签订前，高校或研究机构可以通过拥有排他性的技术信息而形成的优势地位向处于信息劣势的企业灌输违背事实、夸大的信息，从而诱使企业签订可以实现高校、研究机构的垄断利益的合作契约，使合作中处于委托人一方的企业利益受到损害。长期来看，资质较好的合作者就会受到挤压，无法找到优质的合作伙伴，甚至不得不退出市场。同时，资质较差的合作者就会鱼贯而入。同理，根据理性经济理论，产学研协同创新中也存在着道德风险。在合约签订以后，高校和研究机构通过对知识或信息拥有所形成的优势会越来越明显，高校和研究机构能够运用所占据的知识或信息的优势地位在利益分配、风险承担、资源配置等制度安排上挤压企业的话语权，导致企业在协同中无法获得公平收益，从而构建一个偏向于满足高校或科研机构利益的协同体系。该观点也被武海峰（2012）所认同，其研究表明，在产学研项目合作过程中，由于高校、科研机构和企业各方所拥有的信息优势不对等，会在合作中形成委托－代理关系，面临巨大的道德风险，影响着参与各方的决策。因此，基于诚信原则开展产学研合作是最佳的解决办法。

当然，在我国产学研合作创新中也存在着逆向选择和道德风险问题，对产学研合作创新的顺利开展产生了不利影响，甚至引发合作项目的失败，产生诸多法律纠纷。同样，在产学研协同创新活动中，依然无法摆脱逆向选择和道德风险的问题。因此，如何有效地解决协同创新中的逆向选择和道德风险问题，是推动产学研协同创新顺利开展的重要前提之一。

3.3　产学研协同创新委托－代理模型设计

在产学研协同创新中，企业与高校、科研机构等参与主体之间的协同关系属于委托－代理的关系范畴，因而能够通过委托－代理理论的思想来探究协同创新的内在机制。通过采用莫里斯－霍姆斯特姆的分布函数参数化方法，构建产学研协同创新的委托－代理模型如下：

$$\max_{s(p)} \int v[p-s(p)] f_H(p) \mathrm{d}p$$

$$\text{s.t. (IR)} \int u[s(p)] f_H(p) \mathrm{d}p - c(H) \geq \bar{u}$$

（IC） $\int u[s(p)]f_H(p)\mathrm{d}p - c(H) \geq \int u[s(p)]f_L(p)\mathrm{d}p - c(L)$

其中，IR 为激励参与约束，IC 为激励相容约束，分布函数满足一级随机占优条件。企业的目标是选择激励合同 $s(p)$，从而使最优化问题得以实现。最优化问题的一级条件就是"莫里斯－霍姆斯特姆条件"，即：

$$\frac{v'[p-s(p)]}{u'[s(p)]} = \lambda + \mu\left(1 - \frac{f_L}{f_H}\right)$$

λ 和 μ 分别为参与约束 IR 和激励相容约束 IC 的拉格朗日乘数。其他符号含义如下：

v：企业在产学研协同创新中获得的收益；

u：高校或科研机构在产学研协同创新中获得的收入；

H：高校或科研机构在协同创新中开展的高效参与行为；

L：高校或科研机构在协同创新中开展的低效参与行为；

p：产学研协同创新所创造的总价值；

s：在产学研协同创新所创造的总价值中，高校或科研机构所获取的份额；

c：参与产学研协同创新的高校或科研机构所承担的成本支出；

$\bar{u}$：高校或科研机构在产学研协同创新中的保留效用或机会成本；

f_H：H 状态下 p 的分布密度；

f_L：L 状态下 p 的分布密度。

3.4 植入互惠性的产学研协同创新委托－代理机制分析

通过借鉴莫里斯－霍姆斯特姆模型方法，我们能够将互惠性机制纳入产学研协同创新的委托－代理模型分析框架，从而可以开展互惠性与理性经济人两种不同的理论视角的产学研协同创新均衡解的比较研究。

3.4.1 理性经济人视角下委托－代理机制均衡分析

理性经济人视角下委托－代理模型的内在逻辑是：企业和高校、研究机构等参与主体属于理性经济人，其目标为追求自我利益最大化，即参与产学研协同创新的目标是为了尽可能多地获得利益回报；企业获取的利益来自协同创新产生的价值创造，具体体现为协作创新全部的创造价值扣除支付给高校、研究机构的价值所剩余部分；而高校、研究机构的收益来自企业的价值让渡，具体表示为企业的让渡价值减去高校、研究机构承担成本的剩余部分；为实现协同创新，企业实施的策略是激励参与约束与激励相容约束，即不仅积极吸引高校、科研机构参与协同创新，并且最大限度提升高校、研究机构的努力状态达到最佳。需要说明的是，最佳努力状态并不等同于最高努力状态，而是表示能够使企业达到最大收益时所呈现的努力状态。

设 a 为产学研协同创新中高校的努力水平的一维变量，生产函数为 $\pi = a + \theta$，π 是产学研协同创新中企业所获得的价值，θ 是产学研协同创新中的外生不确定性因素，且 θ 服从均值为零、方差为 σ^2 的正态分布。故有 $E\pi = a$，$\text{Var}(\pi) = \text{Var}(a) + \text{Var}(\theta) = \sigma^2$，其中 E 表示数学期望算子，Var 表示方差。

假定在产学研协同创新中企业是风险中性的，高校是风险规避的，且仅考虑企业和高校的绝对风险规避度均为常数时的线性合约模型。

设 $s(\pi) = \alpha + \beta\pi$，$\alpha$ 为企业对高校的固定价值补偿，β 为高校分享的产学研协同创新总收益或总价值的份额，$s(\pi)$ 是高校接收到的来自企业补偿的价值总额。

设企业的效用函数是 $v[\pi - s(\pi)]$，因为企业是风险中性的，则 v' 为常数。设 $v(\pi) = \pi$，π 为企业所获取的价值，则企业的效用的期望值为：

$$Ev[\pi - s(\pi)] = v\{E[\pi - s(\pi)]\} = v\{E[-\alpha + (1-\beta)a]\} = -\alpha + (1-\beta)a$$

假定高校的效用函数的绝对风险规避度为常数 ρ，ω 为高校在产学研协同创新中的净收益，则有：

$$\rho = -\frac{\mu''}{\mu'}, \quad \rho > 0；则 \frac{\mathrm{d}\ln u'}{\mathrm{d}\omega} = -\rho, \quad \ln u' = -\rho\omega + B, \quad B \text{ 为常数，得 } u' = e^B e^{-\rho\omega}$$

解得 $u = -\dfrac{e^B}{\rho}e^{-\rho\omega} + c$，$C$ 为常数；设 $\dfrac{e^B}{\rho} = 1$，$c = 0$（$B = \ln\rho$），则 $u = -e^{-\rho\omega}$

设高校的努力成本为 $c(a)$，一般情况下 $c' > 0$，即高校表现出的努力水平越高，其在协同创新活动中应付出的成本也越高。设 $c(a) = \dfrac{ba^2}{2}$，b 为成本系数，且 $b>0$，则高校在产学研协同创新活动中所获取的净收益为 $\omega = s(\pi) - c(a) = \alpha + \beta(a+\theta) - \dfrac{b}{2}a^2$。

根据定义：若 $u(x) = Eu(\omega)$，ω 为随机收入，$u(x)$ 为效用函数，则称 x 为 ω 的确定性等价收入。由此可得高校的确定性等价收入 $x = \alpha + \beta a - \dfrac{b}{2}a^2 - \dfrac{\rho\beta^2\sigma^2}{2}$。

设 σ 为高校的保留价值，即当 $x < \omega$ 时，理性代理人将不进行代理活动，即高校不会参与该项产学研协同创新。所以，高校的参与约束可以用确定性收入表示为 $x = \alpha + \beta a - \dfrac{b}{2}a^2 - \dfrac{\rho\beta^2\sigma^2}{2} \geq \bar{\omega}$。

作为委托-代理关系中的理性代理人假设，高校的激励相容约束（IC）为最大化其确定性等价收入 x，一级条件 $\dfrac{\partial x}{\partial a} = \beta - ba = 0$，得 $a = \dfrac{\beta}{b}$。

作为委托-代理关系中的理性委托人假设，企业的主要目标是在实现参与约束与相容约束的条件下最大化其效用的期望值，其表述方式如下：

$$\max_{\alpha,\beta}\ [-\alpha + (1-\beta)a]$$

$$\text{s.t. (IR)}\ \alpha + \beta a - \dfrac{1}{2}\rho\beta^2\sigma^2 - \dfrac{b}{2}a^2 \geq \bar{\omega}$$

$$\text{(IC)}\ a = \dfrac{\beta}{b}$$

在莫里斯-霍姆斯特姆模型中，参与约束 IR 为等式，这是企业作为理性委托人所产生的合理现象，于是可以获得 $\alpha = w - \beta a + \dfrac{1}{2}\rho\beta^2\sigma^2 + \dfrac{b}{2}a^2$。将 IR 和 IC 条件代入目标函数：

$$\max_{\beta}\ \left[\dfrac{\beta}{b} - \dfrac{1}{2}\rho\beta^2\sigma^2 - \dfrac{b}{2}\left(\dfrac{\beta}{b}\right)^2 - \bar{\omega}\right]$$

一级条件为 $\dfrac{1}{b} - \rho\beta\sigma^2 - \dfrac{\beta}{b} = 0$，得 $\beta = \dfrac{1}{1+b\rho\sigma^2} > 0$，

从而 $\alpha = \bar{\omega} + \frac{1}{2}\left(\rho\sigma^2 - \frac{1}{b}\right)\frac{1}{(1+b\rho\sigma^2)^2}$,

此为当委托－代理关系中委托方企业和代理方高校都符合理性经济人假设条件时双方之间所存在的最优合约，此时可以推论出高校的期望收益为 $Ev = -\bar{\omega} + \frac{1}{2b(1+b\rho\sigma^2)}$。

3.4.2 植入互惠性条件下的委托－代理机制均衡分析

互惠性视角下委托－代理模型的内在逻辑是：企业和高校、研究机构等参与主体超越了理性经济人的假设，在产学研协同创新过程中，企业会支付高校、科研机构除正常收益以外的利益补偿，即突破了理性经济人假设下高校、科研机构所获收益。因此，高校、科研机构在面对企业的善意，其将通过表现出相应的善意行为作为回应，由此采取互惠性行为，即给予额外的努力。且高校所投入的额外努力的程度是与企业所表现出的善意程度直接相关，换而言之，与企业对高校、科研机构的额外利益补偿的高低有着直接关系；企业所呈现的善意和高校、科研机构互惠的形式能够通过多种形式进行展现，除最普遍的利益分配外，还存在着人员安排、资源投入、知识产权利用等形式。企业表达善意的行为不仅能够提升高校、科研机构的努力程度，也能够提升高校、科研机构获取的利益。同时，高校的互惠性行为可能减少自身的保留收益。

根据完全理性经济人假设所构建的委托－代理模型的内在逻辑，当企业作为委托人感知到代理方的高校表现出互惠性的倾向，企业作为回应则会对高校采取相应的善意行为。设企业增加了对高校的价值补偿额，且价值增加额为 δ，则互惠性视角下委托－代理模型中高校的固定补偿价值为 $\alpha+\delta$。为了简化研究关系，在模型中，我们认为委托人的企业保持作为代理方高校的收益份额不变，即 $\Delta\beta = 0$。

由于委托人的企业所展现的善意行为，代理方的高校表现出的互惠性回应是较完全理性经济人假设前提下提升努力程度投入产学研协同创新活动中，从而使企业获得更多的收益。同时，高校也会减少自我保留收入。设高校的努力程度的

增加量为 $\tilde{a}$，则高校的努力程度在互惠性视角下委托－代理模型中为 $a+\tilde{a}$。由于保留收入是委托－代理关系存在的前提条件，也是参与约束存在的前提，其与代理方高校的努力程度存在积极的正向关系。但是，在互惠性视角下委托－代理模型中，代理方高校的保留收入还与委托人善意程度有着一定的关系。因此，在本模型中，设代理方高校的保留收入的增量为 Y，从而高校的保留收入为 $\bar{\omega}+r$。根据蒲勇健（2007）的建议，Y 的高低与 δ 之间以及 β 的增量的多少有着密切的关系，即高校表现出的互惠性偏好的程度与企业作为委托人表现出的善意程度存在积极的正相关关系。

尽管我们在模型中进行了互惠性假设，但是不排除委托人存在理性经济人的假设，仍保持追求自身利益最大化的倾向，只是采取新的策略来追求自身最大化的利益。因此，根据代理人的参与约束可得：

$$\alpha+\delta+\beta(a+\tilde{a})-\frac{1}{2}\rho\beta^2\delta^2-\frac{b}{2}(a+\tilde{a})^2=\bar{\omega}+r$$

解得 $\tilde{a}=\dfrac{1}{b}\sqrt{2b(\delta-r)}$

此时作为委托人的企业的期望收入为：

$$E\tilde{v}=-(\alpha+\delta)+(1-\beta)(a+\tilde{a})=-(\alpha+\delta)+(1-\beta)\left(\frac{\beta}{b}+\frac{1}{b}\sqrt{2b(\delta-r)}\right)$$

根据一级条件 $\dfrac{\partial Ev}{\partial \delta}=-1+\dfrac{1-\beta}{\sqrt{2b(\delta-r)}}=0$，有 $\delta=r+\dfrac{b\rho^2\sigma^4}{2(1+b\rho\sigma^2)^2}$

则作为委托人的企业的最大期望收入为：

$$E\tilde{v}=-\bar{\omega}-r+\frac{1}{2b(1+b\rho\sigma^2)}+\frac{b\rho^2\sigma^4}{2(1+b\rho\sigma^2)^2}=Ev-r+\frac{b\rho^2\sigma^4}{2(1+b\rho\sigma^2)^2}$$

其中 Ev 为理性经济人假设下企业在产学研协同创新中获得的最大期望价值，因此，当 $\dfrac{b\rho^2\sigma^4}{2(1+b\rho\sigma^2)^2}>r$ 时，作为委托人的企业就可以利用高校的非理性情况下实施的互惠性偏好行为来获得更多的收益，且最终收益可能会超过完全经济人假设下委托－代理关系中企业所得到的最优期望价值。

3.5 模型分析结论

（1）产学研互惠性协同创新的收益要显著地超过传统理论中所构建的产学研协同创新体系所产生的收益，一旦互惠性效应发生，就会导致超帕累托最优效应。在理性经济人均衡中，企业可以获取的收益是 $Ev = -\bar{\omega} + \dfrac{1}{2b(1+b\rho\sigma^2)}$，而在互惠性经济效应下的均衡中，企业获取的收益是 $Ev - r + \dfrac{b\rho^2\sigma^4}{2(1+b\rho\sigma^2)^2}$，因此，当满足条件 $\dfrac{b\rho^2\sigma^4}{2(1+b\rho\sigma^2)^2} > r$ 时，互惠性的行为就能够为企业创造更多的收益。同时，高校的收益也会因为保留收益的提升而获得增加。综上所述，存在互惠性偏好行为的产学研协同创新所产生的收益要超越理性经济人假设中的产学研协同创新所产生的收益。

（2）我国高校和研究机构具有实施互惠性行为的可能性，为产学研互惠性协同创新的实践提供了现实基础。根据研究模型，如果作为代理人的高校、科研机构内在的互惠性驱动力不足，所有活动都以完全的理性经济人的原则行事，那么即使作为委托人的企业能够展现出积极的善意，高校和科研机构也不愿实施互惠性行为作为回应，也就不可能产生互惠性经济效应。但是，由于我国高校或研究机构和营利性组织有所不同，不仅组织成员大部分具有较高的学历，成员普遍有较高的道德修养，同时高校和研究机构多属于事业型组织，较营利性组织相比，在开展活动中表现出的利己主义倾向较弱，因此，容易对外界表现出的善意做出良性的反馈，由此产生积极的互惠性行为。

（3）由于在委托－代理关系中，企业作为委托人在信息或知识上处于劣势，会导致其难以有效地开展对高校或科研机构的监督。因此，互惠性协同策略可能是企业开展协同的最佳方案。由于产学研协同创新主要适用于难度较高的技术研发产品或技术项目，企业要达成目标必须充分整合高校和科研机构的信息和知识资源优势，而信息和知识属于高校和科研机构的特长，因此，企业无法通过利用知识和信息的优势完成激励参与约束和激励相容约束。当此情景，如果企业能积极地展示互惠性行为，将合作的主动权向高校和科研机构做一定程度的让渡，则可能获得高校和科研机构互惠性的反馈，产生更佳的收益。当然，在选择高校和科研机构作为协同方的考量因素上，企业要根据高校和科研机构的社会信誉、科研水平等方面进行充分的评估，为互惠性合作的实施寻找可靠的协同伙伴。

（4）在一些产学研协同创新项目的实践过程中存在着许多互惠性行为，单纯依靠合同条款的约束来促成项目成功的案例在现实中较为少见。由于创新过程中存在着较高的不确定性，既有技术研发的不确定性、市场需求的不确定，也有企业生产的不确定性，在这种情况下，签订的合约无法实现完整性，创新活动各方的法律责任和义务不可能完全通过合约来进行约束，需要在协同创新过程中对合约进行不断的优化。在不断优化的过程中，参与协同的各方会相互间展示积极的互惠性行为，以保证协同的顺利开展。尽管此类行为尚未经互惠性理论来认真探究其内在机制及其作用，但类似的情况近年来在产学研协同创新项目中已经逐渐被人们所认同并付诸实践。在实践过程中，互惠性行为呈现出不同的形式，除常见的利益分配外，还有人员安排、资源投入、知识产权利用、信息共享、情感互动等。

作为促进社会经济有效运行的一种理想模式，互惠性经济效应已经受到社会各界的广泛关注。随着社会经济的进一步发展，互惠性经济效应将会被各行各业认同和践行。我国现有的产学研协同创新项目在实践过程中未获得实质性的突破，还基本停留在合作理念创新上，没有形成较成功的经验和标准，单靠传统合作模式，根本无法达到协同水平。如果在实践中能够将互惠性的思想和行为纳入产学研创新活动，促成参与者之间的互惠性合作，则我们有理由相信，传统的产学研合作创新会向真正意义上的协同创新转变，以此推动我国产学研主体之间的深度合作，进一步提升产学研协同创新效果。

3.6 本章小结

从信息经济学的视角来看，产学研协同创新模式符合经典的委托-代理关系的基本特征。本章利用莫里斯-霍姆斯特姆模型，通过互惠性偏好的植入，解析了产学研协同的互惠性合作机理,指出作为委托方企业的互惠性行为可以换取代理方高校的超额回报,从而获取超过常规理性合作下的利益,进而增大产学研合作的整体性利益。因此,互惠性行为在一定程度上诠释了产学研协同创新中协同的内涵。

第 4 章　互惠性偏好下产学研协同创新演化博弈分析

上一章解析了单一产学研项目的互惠性协同效应，发现互惠性合作行为可以完成产学研协同的预期目标。而互惠协同的过程是一个渐进优化的过程，具有演化的特征。在适当的外部干预下，如果互惠性协同行为从一点或一个区域产生演化效应，则最终能够塑造有利于产学研协同创新发展的环境，推动传统产学研合作模式向协同创新模式转变，进而推进国家创新战略的发展。

4.1　产学研协同创新的互惠性演化特征分析

产学研协同创新是我国实现创新突破的国家战略，该模式具有持久性和重复性的特征，在实践的过程中需要持续优化和完善。在协同创新中需要每个参与者持续调整各自的策略和行为，以达到与协同参与者之间进行有效协同的关系，实现彼此间最佳的协同利益目标。为更好地探究协同创新内在机制，本文利用演化博弈分析作为基本工具对产学研协同创新进行优化分析，该方法在相关领域的研究中也获得了学者的重视。自从协同创新战略制定后，如何真正实现传统的合作创新模式向协同创新模式转变，一直是我国创新领域学术界和企业界思考的问题。就现有的情况而言，我国产学研协同创新项目更多是有名无实，没有真正体现出协同的本质特征，还停留在合作创新的层面，依然是以合作创新的模式来管理和运行。因此，如何有效地推进产学研创新的实质发展，最终达到名副其实的"协同"境界，已成为产学研研究领域关注的一个焦点。

产学研协同创新过程是一个渐进优化的过程，存在着演化特征，许多研究者探讨了产学研协同创新演化的路径、机理与成效。Carolin 和 Claire（2013）认为，产学研协同创新是一个渐进的优化过程，是双方相互"关照"的结果，随着"关照"的密切而最终达到最优合作境界。李守伟等（2013）运用演化博弈分析了产学研合作中违约、失败的风险问题，发现超额收益分配、额外收益之差、违约成本大小等因素决定着产学研合作的稳定性。蔡冬松等（2013）分析了产学研共同体信息供应链的演化博弈过程，认为产学研合作中信息供给方与信息需求方之间的信息资源整合是一个渐进的优化过程，承载着信息集聚、信息扩散、信息价值传递、信息价值创造的多重功能。李高扬、刘明广（2014）解析了产学研协同创新的演化博弈模型，认为产学研协同创新的长期演化博弈具有四种稳定的策略组合，进而提出了构建有效产学研协同创新的激励与惩罚机制。胡慧玲、杜栋（2015）研究了产学研协同创新过程的博弈分析，发现合作各方的交互越频繁，就越有可能有效地转移知识和技术。Isabel 和 Dries（2016）认为产学研协同创新是一个演化的过程，合作双方不断试错性地寻找最佳合作策略，从而使合作机制持续优化。储节旺、李佳轩（2023）探讨了知识生态系统中知识种群之间协同共生的演化，认为知识种群之间的共生模式能够进行引导转化，但知识生态系统的稳定必须建立在互惠共生模式基础之上。通过以上研究可知，产学研合作创新转化为产学研协同创新的过程中并不是单一的路径，而是存在着不同的途径或形式，但是其最终都是以参与各方利益最大化为落脚点。在这些途径和形式中，互惠性是一条切实可行的策略，能够有效地破除或缓解合作过程中参与者之间的认知障碍，实现真正的协同。结合本文研究的产学研协同创新，互惠性经济效应在协同创新中的具体表现是，当企业对高校或研究机构表达善意或善行时，高校或研究机构会相应地对企业进行互惠性的良性反馈，由此获得超越理性经济人假设条件下所获得的收益，从而提升产学研协同的整体收益，也促进了参与者各自收益的增加。在产学研协同创新中，互惠性行为可以表现为不同的形式，如利益分配、人员安排、合约让步、风险分担、资源投入、信息共享、知识产权利用和情感互动等。

当前的研究初步揭示了产学研互惠性协同创新的内在机制，证明了互惠性经济效应的存在。但由于存在内外环境的制约，尽管研究已经表明我国产学研协同创新的实现需要经过不断的演化，但现有研究对协同创新中互惠性演化的内在逻辑尚未进行深入的剖析，如何推进合作创新向协同创新的转变也尚未形成行之有效的策略。

二十世纪以来，经济和管理等领域的一些学者开始从互惠性演化视角对一些问题进行研究，突破了新经济新理论的局限，引发了人们的思考，为产学研协同创新的发展提供了一个切实可行的路径。Samuelson 等（1993）将心智由无意识状态发展为有意识状态的过程形象地表达为持续的谱系，发现当意识状态还未形成时，演化更多的是依靠"天演"，即物竞天择。而当意识形成以后，演化就会形成一种有意识的行为。Gintis 和 Bowles（2003）认为，即使一个群体中只拥有少数的强互惠者，也能够使该群体内占比较多的利己和占比较少的利他群体实现演化稳定均衡。Fehr 和 Fischbacher（2004）采用正电子发射成像技术来观察真实货币支付的实验，研究表明强互惠者能够从惩罚违背规范者中感到满足，发现被试者所呈现出强烈的惩罚意愿能通过对违背社会规范的被试者的惩罚而使其获得较高的满足感。Bowle 和 Gintis（2004）利用模拟流动狩猎和根块采集为主的族群为研究对象，探究人类群体互惠演化均衡的过程，通过计算机仿真的分析结果，发现在经历了数百年的不断演化后，群体内强互惠者的数量可以达到 37.2%，自私者的比例为 38.2%，合作者的比率为 24.6%，平均卸责者的比率为 11.1%。艾志红和谢藤（2015）对协同创新过程中的知识转移的演化博弈机制进行了探究，通过数据仿真工具明确了对协同创新知识转移产生干扰的重要因素，并据此提出了完善协同创新知识转移的优化措施。Tangpong 和 Li 等（2016）利用仿真工具对互惠群体的演化过程进行了模拟，表明即使整个群体内的个体都体现出自利性，但当群体的演化过程中出现了强互惠者，而且群体其他成员对强互惠的认可度在演化中持续增强，就会导致群体内自利者的生存空间受到挤压，最终将导致强互惠者在群体的演化过程中得到繁衍。

由此可知，互惠性演化的机理同样可以纳入产学研协同创新的实践中，以应对产学研协同过程中面临的诸多问题。构建产学研协同演化博弈模型意在说明产学研协同机制的完善是不断演进的过程。演进过程的范围既可以是固定的，也可以是变化的，即演进过程的参与者可是由固定的合作者构成，也可以由变化的参与者所构成。就创新协同中的参与者而言，无论是企业或高校、科研机构，作为系统中的核心参与者，在协同创新中经过反复的协同活动，对自身行为做出持续的调整，会最终形成一种最佳的合作模式，即互惠，从而实现产学研协同创新的目标。

4.2 产学研互惠性协同创新的演化博弈分析与示例

4.2.1 产学研互惠性协同创新演化博弈分析

在互惠性系统创新模式形成前，产学研还处于合作创新环境时，企业、高校或研究机构作为参与者都拥有两种思维形态：自利和互惠。自利是理性经济人的必然选择，而互惠源自利他偏好。在我国现阶段的经济发展环境中，以自利为准则的参与者的数量要远远超过以互惠为原则的参与者。

在产学研协同创新中，有大量企业、高校和科研机构参与其中。设一般情形下的博弈矩阵如图 4-1 所示，存在着四种博弈结果。

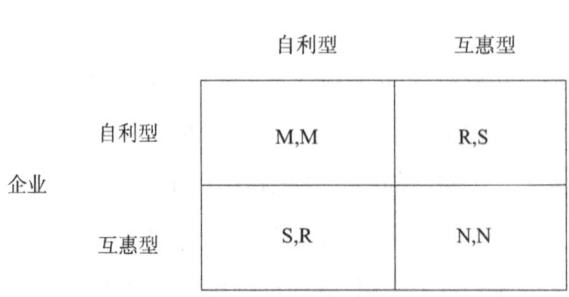

图 4-1　产学研协同创新互惠性博弈矩阵

当企业和高校都为自利型处事时，他们各自享有产学研协同创新的收益，假设双方获得的收益额为 m。

当企业和高校都为互惠型处事时，他们也平等共享产学研协同创新的总收益，双方各自的收益额为 η。在互惠的环境中，由于企业对高校展现出善意的行为，可以使高校做出互惠的反馈进行回应，因此和自利处事相比，取得了更大的收益 n。因此，有 $n > m$。

当企业和高校两者中一方为自利型，另一方为互惠型时，自利型参与者能够获得的收益为 Y，互惠型参与者能够获得的收益为 S。由于互惠型参与者向自利型参与者展示了善意的行为，并让渡了部分互惠性的利益，但互惠型参与者所表现出的善意并未获得自利型参与者的积极反馈。因此，互惠型参与者所获得的收益要小于自利型参与者所获得的利益，即 $S < Y$。具体而言，当协同创新中企业为自利型，高校为互惠型，则双方所获利益分别是 Y 和 S。反之，则为 S 和 Y。

由于在协同创新中各方采取互惠的状态下能够产生最大的收益，因此，可以得出 $r + s < 2n$。

按照大群体内个体间会产生随机配对博弈的机制，假设在参与产学研协同创新的主体中，实施自利型协同策略的企业或高校的比率是 x，则实施互惠型协同策略的企业或高校所占的比率为 $1-x$。由于参与各方所面临的博弈环境一致，假设企业和高校具有相同的互惠性初始比例是可信的。

设实施自利型策略的收益是 u_1，实施互惠型策略的收益是 u_2，平均收益是 $\bar{u}$，则：

$$u_1 = mx + r(1-x)$$
$$u_2 = sx + n(1-x)$$
$$\bar{u} = u_1 x + u_2 (1-x)$$

则复制动态方程

$$\frac{dx}{dt} = x(u_1 - \bar{u}) = x(u_1 - u_1 x - u_2 + u_2 x) = x(1-x)(u_1 - u_2)$$
$$= x(1-x)[x(m-s) + (1-x)(r-n)]$$

根据微分方程的"稳定性定理"，令 $\frac{dx}{dt} = 0$，得到该复制动态的三个可能稳定状态分别是：

$$x^* = 0, \quad x^* = 1 \text{ 和 } x^* = (r-n)/(m-r-s+n)$$

在一定条件下,只要满足导数小于零, $x^* = 0$, $x^* = 1$ 可能成为稳定状态。因此,不论初始状态处于何种水平，产学研协同创新都存在向互惠型协同转变的可能。

4.2.2 产学研互惠性协同创新演化博弈示例

假设委托-代理关系中存在一个产学研协同创新互惠型博弈矩阵，如图 4-2 所示。

高校

		自利型	互惠型
企业	自利型	30, 30	20, 10
	互惠型	10, 20	50, 50

图 4-2　企业-高校协同创新互惠性博弈矩阵

通过博弈矩阵可以推断，当企业和高校都以自利为行事准则时，将各自获得 30 单位的收益；当企业和高校都以互惠为行事准则时，将各自获得 50 单位的收益；当企业或高校双方各自遵从不同的处事原则，一方为互惠型、另一方则为自利型时，自利的一方将获得 20 单位收益，互惠的一方将获得 10 单位的收益。设在初始状态下，自利型参与主体的比率为 x，则互惠型参与主体的比率为 $1-x$。

$$u_1 = 30x + 20(1-x)$$
$$u_2 = 10x + 50(1-x)$$
$$\bar{u} = u_1 x + u_2(1-x)$$

根据复制动态方程

$$\frac{dx}{dt} = x(u_1 - \bar{u}) = x(1-x)(u_1 - u_2) = x(1-x)[30x + 20(1-x) - 10x - 50(1-x)]$$
$$= x(1-x)(50x - 30)$$

则 $x^* = 0$，$x^* = 1$ 和 $x^* = 0.6$ 是三个可能的稳定状态。

稳定状态要形成稳定策略，就要面对微小扰动时具有稳健性。作为促进稳定策略的条件，除自身处于均衡状态外，还需要具备一定的抗干扰性，即使因为一些不可预测的环境因素导致均衡点产生了偏离，复制动态能够帮助演化系统恢复到均衡状态。

由于 $F'(0)<0$，$F'(1)<0$，$F'(0.6)>0$，根据微分方程的稳定性定理可知，$x^*=0$ 和 $x^*=1$ 是进化稳定策略，具有抗干扰性，而 $x^*=0.6$ 不是进化稳定策略，不具有抗干扰性。当参与产学研协同创新中互惠型组织的比率高于 0.6 时，整个产学研协同创新体系将向互惠型体系转化。反之，当比率低于 0.6 时，将促使整个产学研协同创新体系向自利型体系转化。就当前发展水平而言，在我国产学研环境中，要达到或超过 0.6 的互惠型比率的标准还需要多种力量的相互配合，如政府管理部门、行业组织、中介服务组织等内外部努力的共同推动，才有可能推动产学研协同创新向互惠型协同方向进行演化。

4.3 产学研互惠性协同创新演化博弈分析结论

（1）在产学研协同创新中，参与各方之间存在一个互惠性稳定点，在该状态下能够使企业和高校进入互惠型状态，并使彼此获得最大的协同创新收益。由产学研协同创新互惠性演化博弈模型可知，通过对协同双方自利状态与互惠状态下收益支付的调整，能够推动协同创新向互惠型进行转变，最终实现整个系统的互惠状态，获取高于各方处于自利状态时所获取的利益。在演化过程中，参与其中的企业和高校会先后意识到互惠性协同的诸多优势，在演化过程中主动地修正自身的行为，由自利处事原则转变为互惠处事原则。这个演化过程持续推动我国学研协同创新环境完善的过程，是促进产学研协同创新平台建设的过程，而这个过程的最终目标，即产学研协同创新模式获得成功。

（2）要促成产学研协同创新达到互惠型协同的模式，只通过协同参与主体的努力还不够，还需要借助协同系统之外的力量积极营造适合的环境来不断推动，促进互惠性协同创新的自然演进。根据构建模型的博弈可知，在产学研协同创新的整个系统中，只有互惠性偏好的参与者在全部参与者中的比率达到一定水平时，才有可能激发系统向完全互惠状态的演化。但当前我国产学研协同创新环境尚不完善，协同创新系统中互惠型参与者的比例还无法达到自然演化的标准，因此需要系统之外的力量进行推动，从而提升互惠型参与者的比率。否则，演化进程有可能朝着不利的方向发展，甚至可能发展成为完全自利型的模式，导致产学研协同创新环境更不利于创新的发展。协同系统之外的力量，包括但不局限于政府机构、行业组织、中介服务组织等，也可以是这些组织的共同作用力。

（3）虽然产学研协同创新的实现可能需要经历漫长曲折的过程，但我们依旧能够看到成功的曙光。自利型协同向互惠型协同的转化，也可以理解为产学研合作创新向产学研协同创新的转化，其原因是在完全自利的情况下，或是在互惠认知与行为匮乏的情况下，要实现协同创新的难度较大，参与者之间难以达到协同水平。自从我国提出协同创新作为创新战略以来，在实现协同目标的过程中面临着许多问题，大多数产学研协同创新项目依然围绕着合作创新的思路进行，无法实现协同创新的目标，引发了人们对产学研协同创新未来的思考。根据本文的研究结果，协同创新的前景依旧明朗，能够通过互惠性思想和机制来促使目标的达成。

（4）对于协同创新的参与者来说，协同中的互惠性行为不仅能够发生在两个固定合作伙伴的反复博弈中，也能够发生在与不同合作伙伴的反复博弈中。从自利型协同创新向互惠型协同创新的转化，也可以理解为自利型参与者向互惠型参与者演变的过程。对构建的博弈模型进行分析可知，在行为演进的转化中，协同创新的参与者能够在与固定的合作伙伴持续合作中感知互惠性行为所带来的超额收益，也可以在与多个合作伙伴持续合作中感知互惠性行为带来的超额收益，但无论何种情况，都可实现互惠性行为所预期的收益。在实践过程中，我们可以发现这两种形式在合作中较为常见。如果合作方表现出的互惠倾向程度越高，则合作参与者间相互博弈的次数就会越少。

综上所述，要实现自利型产学研协同创新向互惠型产学研协同创新的自然演进，需要长时间坚持不懈地努力，不仅在于系统内协同参与者之间的持续努力，也需要系统外各种力量的持续推动。在产学研协同创新项目的开展过程中，存在一定程度的互惠性行为，尽管这些互惠行为发生的频率不高，但也说明了从自利性协同创新向互惠性协同创新存在着一定的可能性，未来可期。就内在特质而言，产学研协同创新属于互惠型创新，当参与者之间存在互惠时才可能出现协同状态，这也符合演化转变的逻辑。

4.4 本章小结

本章通过演化博弈模型,对产学研互惠性协同的演化过程进行了深入的探究。研究表明,在一定条件下产学研协同创新可以从自利型合作向互惠型合作转化,从而为合作双方带来更大利益。只要一方存在一定的互惠性行为,互惠性群体达到一定比例后,就会产生互惠性进一步演化现象。互惠性演化的结果,可以使传统的产学研合作创新转换为协同创新,使互惠性效应由点到面、由面到体扩展,进而渗透到整个产学研创新体系。

第 5 章　我国产学研互惠性协同微观机理研究

产学研合作是我国国家创新战略的核心内容之一，当前发展到协同阶段。我国产学研的协同水平尚低，不足以实现产学研结构的有序化。互惠性思想和方法是激活产学研协同的动力源之一。实证检验发现：互惠性合作及交互效应对产学研项目质量、市场适应性、投入产出匹配均存在着显著的促进效应。我国产学研应走互惠性协同之路，大力培育互惠性文化、学习互惠性经验，以互惠合作来解决契约不完全问题，以互惠来驱动诚信合作，摒弃合作中的极端利己主义，灵活地执行合作制度和规范，才能突破产学研协同创新中的瓶颈。

5.1　产学研互惠协同存在性的理论阐释

产学研合作是推动我国技术创新发展的重要举措，对加快我国的社会经济发展有着重要意义。2006 年，我国颁布了《国家中长期科学和技术发展规划纲要（2006-2020）》，确立了产学研合作在国家创新战略中的重要地位。产学研合作是由企业、高校、科研机构和辅助服务机构组成的一个有机系统，通过充分利用各主体的自身优势，有效开展协作，共同推动技术创新实现的模式。自从我国制定产学研合作战略以来，促成了一些产学研项目的开展，也取得了一些创新成果，但也应注意到，在产学研合作的开展过程中还面临着许多问题，产学研合作的效果与预期目标还存在一定的差距，还没有充分担负起产学研合作在推动国家创新战略目标实现过程中被赋予的使命。

产学研最早出现于20世纪80年代的美国，产学研的开展，使得美国的科技发展突飞猛进，社会和经济效益快速提升。通过对产学研成果案例的总结分析可以看出，产学研的发展可以分为产学研合作、产学研协作、产学研协同三个不同阶段。产学研协同是产学研模式发展到一定水平后所达成的一种模式，克服了产学研合作和协作模式中的不足，最大程度地发挥了产学研在技术创新中的作用，并由此被寄予积极推进我国创新战略发展的厚望。1971年，著名的物理学家哈肯教授发现，在特定的条件中，彼此间独立的发光原子可以在相位上形成完全相同的激光，同时，发光原子所处的光电场也会呈现出类似的现象。哈肯对这种现象进行了深入的研究，提出了协同的概念，即在一个开放的系统中，系统整体能够通过子系统要素彼此的相互影响实现系统的结构和功能由无序转向有序。他还指出，协同与一般性的合作关系存在差异，是一种更深层次、彼此配合的高效协作，只有当子系统要素间的有序水平达到一定程度才能实现。产学研协同，是将协同理论与产学研进行有机的融合，以协同的意识来应对产学研参与者面临的各种障碍，使产学研达到一种有序均衡的状态。

将协同理论引入对产学研的研究，获得了学界的关注，也成为产学研研究的聚焦热点，国内外众多学者通过引入协同理论对产学研实践中的协同机制进行了探究。长期以来，我国在产学研的实践中遭遇了各种问题，导致了产学研发展相对停滞。为寻求促进产学研发展的有效路径，我国学者也对产学研协同开展了大量且有益的研究。张清华、郭淑芬（2017）对产学研协同创新参与者之间的利益分配模式进行了探究，并分析了影响协同效率的因素，包括合作公平性、共享模式、资源互补、参与积极性。罗琳、魏奇锋（2017）对产学研知识协同的机理进行了分析，认为产学研知识协同与参与主体间的协同意愿、知识异质性和知识能力，以及所处的环境有着的密切的关系。刘春艳、马海群（2018）对产学研协同中知识转移进行了研究，认为系统参与者所具有的学习能力、先验知识，参与者之间的信任水平，渠道丰富性和制度协同等都对知识协同产生显著的影响。胡雯、陈强（2018）通过生命周期的视角对产学研协同创新进行探究，认为产学研的过程经历孕育、合作、协同、衰退四个阶段。黄菁菁（2017）对干扰产学研协同创新的因素进行了分析，认为企业的内外部环境都会对产学研协同产生显著的影响。

就企业内部而言，影响因素包括企业所具有的创新能力，管理者拥有的企业家精神，企业规模、开放程度、员工水平等。就企业外部而言，影响因素包括政府资金和政策支持等。

现有研究从不同的视角研究了产学研协同，期望发现产学研协同的内在机制，找到推动产学研协同成功的路径和标准，但现有的研究还处在摸索阶段。产学研协同理论还需要整理总结，使其更加完整。虽然现有的研究已经对产学研协同创新有所启迪，但尚未能推动产学研协同创新在实践中取得成功。在开展产学研协同时，参与者对协同思想的认知还不够深入，存在一定的片面性。总体而言，我国的学界和企业界对产学研协同的概念和思想的认知不足，执行中存在偏颇，认知产学研协同的本质更无从谈起。在实践中仍旧停留在传统的合作模式阶段，对于开展协同的策略和方法，亦缺乏明确的指导思想和成熟的解决方案。

互惠性理论的出现和运用为产学研协同创新实践提供了理论依据和实践方向。互惠性思想最早运用于生物学研究，后来发现也适用于解释一些社会行为和组织行为的研究。1993年，美国经济学家Rabin通过经济学视角来探究互惠性现象，并较早地将经济行为中的互惠性界定为"当他人对你表现出友善时你也对他人友善；当他人对你表现出不友善时你也对他人不友善。"Rabin认为，互惠动机有三种表现：一是个体愿意以牺牲自身的福利支付为代价来支持善待自己的人，二是个体愿意以牺牲自身的福利支付为代价来回击对自己怀有恶意的人，三是当个体感知自身福利支付的代价越小时，上述两种心理偏好越容易出现。Rabin的互惠思想一经提出便受到经济学界的广泛关注。

互惠性偏好研究对促进我国创新战略的实现具有重要价值，适用于不同的学科和领域。严维石（2016）探究了小规模群体的互惠行为，认为群体间的互惠行为能够显著减少群体间机会主义的行为。赵旭东（2018）指出，在现阶段，人类社会的发展主要依靠人与人之间的互惠关系。同时，互惠关系的建立也会增强人与人之间的关系。因此，互惠理论越来越受到社会科学领域学者的关注，并有助于阐释新经济新理论无法解释的社会行为。

我国经济和管理领域的学者也注意到互惠性偏好的理论价值。朱学红、邹佳纹（2017）对多团队的系统内的互惠性合作开展研究，认为互惠敏感度可以显著地正向预测最优合作努力,且互惠合作有利于促进团队间的合作绩效。李胜男等(2017)对项目团队主体间的互惠性演化行为进行了研究,发现团队主体间拥有积极互惠行为的项目更有可能获得成功,且良好的互惠性文化对诱发成员的互惠行为有着积极的影响。李柏洲、高硕(2017)研究表明,互惠性能够推动企业合作型原始创新。其中,互惠性通过知识共享的中介机制对原始创新产生显著的正向影响。裴学亮等(2017)从制造企业和供应商关系为切入点对互惠性合作开展了研究,结果表明,制造企业和供应商之间的互惠性合作能够显著提升柔性合作绩效。

互惠性理论正逐渐成为我国经济和管理领域学者关注的热点,取得的成果在实践中也产生了积极的影响,但目前互惠性理论在产学研的研究中还存在一定的不足。由于产学研项目的开展需要企业、高校、研究机构及辅助服务机构等主体间的相互配合,恰好匹配互惠性合作的应用场景,因此在产学研中引入互惠性思想,有助于突破当前产学研发展中遇到的各种障碍。

近年来,作为新兴经济理论的一个重要组成部分,行为经济学打破了以"理性经济人"为前提的新古典经济学对一些现象难以解释的理论障碍,对社会经济的发展起到了积极的促进作用。作为行为经济学的重要假设,互惠性偏好在国外经济管理领域受到广泛的关注,但还未受到我国学者的足够重视。因此,在今后的研究中,应充分考虑将互惠性思想、方式和机制融入我国产学研协同的相关研究中,并提炼出符合我国实际的标准和规范,获得有益的经验,解决妨碍我国产学研协同发展的问题,为实现产学研战略发挥应有的作用。

5.2 产学研互惠性协同模型设计

5.2.1 产学研互惠性协同阐释

在互惠、自利和利他三种不同思想的指导下,其行为有着本质区别。自利是将追求自身利益最大化作为自我行动的驱动力,因而在合作中丝毫未考虑合作方的利益,其不能从长远考虑,从整体进行思考,甚至为自身利益而损害他方利益,最终很有可能因为各方利益分配纠纷导致合作不欢而散。事实也表明,在我国开展的一些产学研项目实践过程中，参与主体所存在的一些极端的自利行为导致项目无法顺利进行，最终导致项目失败。当然，我们也应认识到，在现阶段，完全利他的思想也是缺乏存在空间的。因此，互惠可能是最佳的选择。

产学研互惠性协同是指在产学研项目的合作过程中，参与主体各方秉承互惠性的思想、理念、方式来指导各自的行为，并抛弃极端利己思维，在合作中为其他方的利益进行一定的让渡，主要目的在于通过让渡自身眼前利益来提升参与方的合作意愿，从而增强其参与产学研的内生动力，激发各方完成协同目标的积极行为。简言之，就是以互惠性思维和方法来实现协同目标，将协同赋予互惠的内涵。

在互惠协同理念的指导下，虽然各参与主体的主要目标仍是追求自身利益最大化，但在开展合作时，参与者之间会彼此照顾合作方的利益，看似不利于自身短期利益，但对于长期利益而言会产生积极的影响。因此，参与主体愿意在一些非核心环节牺牲部分利益，来换合作方的协同，以保证产学研项目的成功。

综上所述，产学研互惠协同是在产学研中将利己和利他进行有机的结合，不仅考虑自身的利益，也一定程度考虑其他主体的利益。这满足了当代社会发展的要求，符合我国传统文化的价值取向，为企业的经济活动提供了有力的指导，纠正了过去人们对经济活动主体唯利是图的传统认知，符合现阶段社会发展的价值取向。目前，在产学研的实践过程中，由于参与者普遍对协同缺乏正确的认识，并且开展协同时难以获得正确的指导，因此，互惠性为实施和优化协同创新提供了的一种切实可行的思路。

5.2.2　产学研互惠性协同绩效及交互效应分析

对产学研绩效进行衡量尚没有统一的标准，考核的目标不同，采用的标准也有所差异。为了较为客观准确地评估互惠性协同效应对产学研的影响程度，在本研究中，我们考虑从项目质量、市场适应性和投入产出匹配三个要素对产学研协同绩效进行衡量。

首先，项目质量是指产学研协同预期目标的完成程度。就现有已经开展的产学研项目而言，几乎一半以上的产学研项目由于各种原因搁置，或者效果不甚理想，实际成果与预期相距甚远，真正完成产学研预期目标的项目低于10%。根据互惠性协同的要求，产学研项目质量的高低与协同双方彼此的信任程度、协同双方目标的兼容程度、项目经费分配公平程度、合作条款履约程度等因素有着密切的关系。如果参与者之间缺少相互信任，必然产生协同效果与预期之间的差距。如果协同双方各持己见、过多考虑自身利益，则无法产生协同效果。在协同过程中，如果项目经费没有公平分配，或使用不合理，则参与者不可能进行信息共享，技术研发更不可能取得成功。如果协同双方对具有法律效力的合作契约没有履行，会破坏良好的合作氛围，导致彼此间的强烈不信任感，使合作半途而废。因此，要保证项目质量的实现需要协同双方保持积极互惠的态度和行为。只有营造了互惠合作的氛围，才可以促使协同双方彼此产生信任，协同目标才可以趋于一致。只有营造了互惠合作的氛围，协同双方才可以公平合理分配项目经费，自觉自愿地履行合同契约责任。

其次，市场适应性是指产学研项目的市场价值或者对市场需求的满足程度。由于对市场前景的预期不准确，一些产学研项目取得的技术创新成果无法满足市场需求，被市场所抛弃。在互惠合作的视角下，产品适应性的强弱与技术研发周期、协调沟通、技术研发柔性有着密切的关系。如果项目的技术研发周期较长，很可能无法适应瞬息万变的市场需求。在协同过程中，为保证协同顺利进行需要双方有效地协调沟通，充分挖掘各方的优势和资源。在一些产学研项目的实践过程中，由于各种原因参与者之间无法进行高效沟通，导致信息无法实现有效共享，制约了产学研效率的提升。由于技术研发需要一定的时间成本，但市场需求日新月异，因此，合作双方在技术研发过程中要根据市场需求对研发项目进行灵活的调整。因此，无论是技术研发周期、协调沟通、技术研发柔性等要素都需要合作双方互惠理念的指导和行为的支持，坚决摒弃自利的狭隘意识，促成协同的实现。

最后，投入产出匹配是产学研项目中成本投入和价值产出相匹配的程度。现阶段，和一些产学研项目实施较为成功的发达国家相比，我国产学研项目的产出不理想，导致了我国科技成果转化率较低。在产学研协同中，合作双方需要投入大量的资源，如人力、资本、技术设备和知识资源等，对于各自投入比例的问题是协同参与者之间沟通的重点，也是难点，又是产学研协同能否顺利开展的前提。很多产学研项目因为资源投入无法达成一致导致项目半途而废，或者在项目实施过程中为应对新环境而重新分配资源投入但无法达成一致，最后也使项目难以实施。显而易见，以自利为前提的合作会使得合作参与者对资源投入的协调功能失效。只有在互惠性合作环境下，以互惠性思想理念为指导，产生互惠性行为，才能使合作者之间彼此信任、精诚合作，实现协同目标。

综上所述，互惠性协同可以对产学研项目质量、市场适应性、投入产出匹配等要素产生显著的正向影响，而且也对这些要素的影响因素产生积极的影响。换而言之，互惠性合作的思想、理念和行为对提升产学研绩效有着显著的正向影响，也能够对绩效的影响因素产生积极的影响，以此间接地促进产学研绩效的提升。因此，互惠性在产学研协同中具有显著的交互效应。

5.2.3 产学研互惠性协同研究模型的确立

通过对产学研协同创新绩效及其交互效应的分析，我们构建了以产学研项目质量、项目市场适应性和投入产出匹配为被解释变量的互惠性协同交互效应模型，分别如式 5-1、式 5-2 和式 5-3 所示。

$$\text{qual} = \alpha_1 + \beta_0 \text{ reci} + \beta_1 \text{ trus} + \beta_2 \text{obje} + \beta_3 \text{ fund} + \beta_4 \text{ inst} + \\ \beta_5 \text{ reci} * \text{trus} + \beta_6 \text{ reci} * \text{obje} + \beta_7 \text{ reci} * \text{fund} + \\ \beta_8 \text{ reci} * \text{inst} + u_1 \quad (5-1)$$

$$\text{mark} = \alpha_2 + \gamma_0 \text{reci} + \gamma_1 \text{cycl} + \gamma_2 \text{comm} + \gamma_3 \text{ func} + \gamma_4 \text{ reci} *\text{cycl} + \\ \gamma_5 \text{ reci} * \text{comm} + \gamma_6 \text{ reci} * \text{func} + u_2 \quad (5-2)$$

$$\text{mate} = \alpha_3 + \lambda_0 \text{ reci} + \lambda_1 \text{ time} + \lambda_2 \text{ capi} + \lambda_3 \text{ equi} + \lambda_4 \text{ reci} *\text{time} + \\ \lambda_5 \text{ reci} *\text{capi} + \lambda_6 \text{ reci} *\text{equi} + u_3 \quad (5-3)$$

各变量的名称、符号、相关系数、涵义等特征如表 5-1 所示。其中，控制变量组 1 的内容对应于式 1，控制变量组 2 的内容对应于式 2，控制变量组 3 的内容对应于式 3。

表 5-1　变量特征描述

变量名称	变量符号	相关系数	变量涵义
被解释变量			
项目质量	qual		产学研项目在质量上达到预定的目标。
市场适应性	mark		产学研项目产品可以有效满足市场的需求。
投入产出匹配	mate		项目的投入产出比在同类产品中的领先性。
解释变量			
互惠性协同	reci	β_0、γ_0、λ_0	协同双方以互惠性的理念、思维、行为处理产学研协同中遇到的一系列问题。
控制变量组 1			
相互信任	trus	β_1	协同双方在协同中处于高度信任状态。
目标一致	obje	β_2	协同双方具有明确、一致、无分歧的目标。
经费合理应用	fund	β_3	项目经费在协同过程中得到合理使用。
合作制度遵守	inst	β_4	协同双方严格遵守双方共同制定的合作制度。
控制变量组 2			
研发周期	cycl	γ_1	项目团队能够按时完成项目研发。
合作沟通	comm	γ_2	协同双方在协同中能够实现顺畅沟通。
产品性能调整	func	γ_3	协同双方根据市场需求能够及时、融洽、和谐地调整产品性能。
控制变量组 3			
时间投入匹配	time	λ_1	协同双方的时间投入和产品价值相匹配。
资金投入匹配	capi	λ_2	协同双方的资金投入和产品价值相匹配。
设备投入匹配	equi	λ_3	协同双方的设备投入和产品价值相匹配。

5.3　产学研互惠性协同模型检验

5.3.1　数据收集和样本特征分析

根据表 5-1 变量的涵义，我们将变量转换为调查问卷，选择样本进行数据收集。为了准确表达出变量的内涵，本文将互惠性合作、项目质量、项目市场适应性和投入产出匹配等四个变量进行了指标分解。包含复合指标的变量值由指标值进行平均而得到。

互惠性协同经分解后获得4项指标，分别为顾全大局、为对方利益着想、积极回报对方的优待、不狭隘地追求己方的利益。项目质量经分解后获得4各指标，分别为满足高校方需求、满足企业方需求、满足协议规定、结题评议结果。其中，结题评议结果是指项目结项时评审专家提供的质量评价等级。市场适应性经分解后获得4各指标，分别为满足市场需求、满足大客户需求、满足企业长远发展需求、市场竞争支持。其中，市场竞争支持是指项目产品对企业市场规模提升的贡献。投入产出匹配经分解后获得4项指标，分别为国际领先性、国内领先性、行业领先性、自我满足性。其中，自我满足性是指协同双方对协议投入产出比的满意程度。

本研究以产学研项目为样本，在我国东部和西部多个省、直辖市进行问卷数据的采集，各量表题项采用李克特7点量表进行测量。为了更准确地对产学研项目的质量、市场适应性、投入产出匹配的变量进行测量，本次问卷发放对象限定为2017年12月31日前已结题的项目。问卷调研自2018年3月7日开始，到2018年5月9日结束，历时63天，获取有效样本44份。样本特征如表5-2所示。

表5-2 样本特征

变量	均值	方差	中位数	最大值	最小值
项目质量（qual）	3.16	0.52	3	7	2
市场适应性（mark）	2.98	0.46	3	6	2
投入产出匹配（mate）	3.03	0.32	3	6	1
互惠性合作（reci）	3.41	0.28	3	7	1
相互信任（trus）	2.87	0.19	3	7	1
目标一致（obje）	2.88	0.51	3	6	1
经费合理应用（fund）	2.97	0.63	3	6	1
合作制度遵守（inst）	2.13	0.36	2	6	1

续表

变量	均值	方差	中位数	最大值	最小值
研发周期（cycl）	2.80	0.08	3	7	1
合作沟通（comm）	3.03	0.33	3	7	2
产品性能调整（func）	2.76	0.25	3	6	1
时间投入匹配（time）	3.43	0.44	3	7	2
资金投入匹配（capi）	3.27	0.20	3	7	1
设备投入匹配（equi）	2.15	0.41	2	6	1

5.3.2 产学研项目质量的互惠协同效应检验

基于 44 份样本数据，利用 Eview8.0 软件，对式 1 进行检验，获得产学研项目质量互惠协同效应的检验结果如表 5-3 所示。

表 5-3 产学研项目质量检验结果

被解释变量	产学研项目质量（qual）		
	模型 1	模型 2	模型 3
解释变量			
互惠性合作（reci）	0.23***	0.22**	0.20*
控制变量			
相互信任（trus）		0.17*	0.13**
目标一致（obje）		0.16***	0.15*
经费合理应用（fund）		0.13*	0.10*
合作制度遵守（inst）		0.08	0.03
交互变量			
相互信任 * 互惠性合作（thus*reci）		0.17**	0.13**
目标一致 * 互惠性合作（obje *reci）		0.14*	0.11*

续表

被解释变量	产学研项目质量（qual）		
	模型1	模型2	模型3
经费合理应用 * 互惠性合作（fund*reci）		0.14**	0.10*
合作制度遵守 * 互惠性合作（inst *reci）		0.07	0.03
统计量			
R^2	0.33	0.46	0.47
R^2变化量	0.00	0.01	0.01
调整后R^2	0.33	0.47	0.48
调整后F值	83.13	106.78	87.76
P值（总体显著性水平）	***	**	*

注：$*P < 0.05$; $**P < 0.01$; $***P < 0.001$; $N = 44$

根据表5-3的分析结果可知，互惠性协同对产学研项目质量有着显著的影响，不仅显著地推动产学研项目质量的改善，也通过与相互信任、目标一致、经费合理应用等交互效应的中介作用，间接地推动了产学研项目质量的提升。相互信任、目标一致、经费合理应用三个变量能够显著地提升产学研项目质量，而且这三者也同时受到互惠性合作的强化。由此可知，互惠性合作对于产学研项目质量的提升有着显著的正向影响，即互惠性合作程度越高，产学研项目质量越高。

但需要注意的是，根据结果，合作制度遵守及其与互惠性合作的交互效应和产学研项目质量并不存在显著的关联，与分析结论存在差异，其内在的原因需要做进一步分析。

5.3.3 产学研项目市场适应性的互惠协同效应检验

基于44份样本数据，利用Eview8.0软件，对式2进行检验，得到的产学研项目市场适应性互惠协同效应的检验结果如表5-4所示。

表 5-4　产学研项目市场适应性检验结果

被解释变量	产学研项目市场适应性		
	模型 1	模型 2	模型 3
解释变量			
互惠性协同（reci）	0.20***	0.19**	0.17**
控制变量			
研发周期（cycl）		0.16**	0.15**
合作沟通（comm）		0.11*	0.11*
产品性能调整（func）		0.10*	0.09*
交互变量			
研发周期 * 互惠性合作（cycl*reci）			0.10*
合作沟通 * 互惠性合作（comm*reci）			0.09**
产品性能调整 * 互惠性合作（func*reci）			0.09**
统计量			
R^2	0.29	0.30	0.38
R^2变化量	0.00	0.01	0.01
调整后R^2	0.29	0.31	0.39
调整后F值	76.16	82.10	107.46
P值（总体显著性水平）	***	***	**

注：*P<0.05; **P<0.01; ***P<0.001; N=44

根据表 5-4 分析结果可知，互惠性协同对产学研项目的市场适应性有着显著的预测作用，不仅显著地促进项目市场适应性的提升，也通过与研发周期、合作沟通、产品性能调整交互效应的中介作用间接地推动了项目市场适应性的提升。研发周期、合作沟通、产品性能调整三个要素不仅直接推进项目市场适应性，而且其推动功能同时受到互惠性协同的强化。由此可知，互惠性协同与产学研项目的市场适应性有着显著的正相关关系，即互惠性合作程度越高，产学研项目的市场适应性越强。

5.3.4 产学研项目投入产出匹配的互惠协同效应检验

基于44份样本数据，利用Eview8.0软件，对式3进行检验，得到的产学研项目投入产出匹配互惠协同效应的检验结果如表5-5所示。

表5-5 产学研项目投入产出匹配检验结果

被解释变量	产学研项目投入产出匹配		
	模型1	模型2	模型3
解释变量			
互惠性协同（reci）	0.11***	0.10**	0.09*
控制变量			
时间投入匹配（time）		0.12**	0.09*
资金投入匹配（capi）		0.13**	0.11**
设备投入匹配（equi）		0.05	0.03
交互变量			
时间投入匹配*互惠性合作（time*reci）			0.13***
资金投入匹配*互惠性合作（capi*reci）			0.08*
设备投入匹配*互惠性合作（equi*reci）			0.03
统计量			
R^2	0.23	0.32	0.40
调整后R^2	0.00	0.01	0.01
R^2变化量	0.23	0.33	0.41

续表

被解释变量	产学研项目投入产出匹配		
	模型 1	模型 2	模型 3
F 值	48.64	57.79	88.16
F 变化量	***	*	*

注：$*P < 0.05$; $**P < 0.01$; $***P < 0.001$; $N = 44$

根据表 5-5 的检验结果可知，互惠性协同对产学研项目的投入产出匹配存在着积极效应，不仅直接促进项目投入产出匹配的提升，也通过与时间投入匹配、资金投入匹配交互效应的中介作用间接地促进了投入产出匹配的提升。时间投入匹配、资金投入匹配两个要素不仅直接推进投入产出匹配，而且其推动功能也同时受到互惠性协同的强化。由此可知，互惠性协同对产学研项目的投入产出匹配有着显著的正相关关系，即互惠性协同程度越高，产学研项目的投入产出匹配越强。

需要注意的是，根据结果，设备投入匹配及其与互惠性协同的交互效应对产学研项目投入产出匹配的促进作用不存在显著的影响，与分析结论存在差异，其内在的原因需要进一步分析。

5.4 研究结论

通过实证分析结果可知，互惠性协同是实现产学研协同行之有效的路径，能够促进实现产学研协同，互惠性协同不仅能够促进产学研项目质量的提升，也可以有效地提升项目的市场适应性和投入产出匹配。现阶段，在我国产学研的实践过程中，参与者之间也存在互惠性协同行为，但主要是参与者的一种自发行为，缺乏互动性和系统性，产学研协同中各参与主体的协同的形态和意识尚未成熟。因此，如果能够认识互惠性协同的重要性，树立互惠性协同的意识，激发协同参与者之间互惠性的行为，就能够加快我国产学研合作向产学研协同演进的步伐。

随着我国社会经济的发展，我国学者将国外较为前沿的管理理论融入于本土情景的研究之中，但一些研究对管理理念的本质内涵缺乏探究，对于"理性经济人"的假设没有准确地解读，对新古典经济学中人性假设缺乏动态认知，没有注意理论的变化和发展，对国外的管理方法通常以机械的方式照搬照抄，同时在研究中没有充分结合中国本土情景开展研究，导致根据西方管理理论开展的研究并未产生良好的效果，也与预期目标存在较大的差距。这种情况在产学研协同的研究中也有一定程度的存在，对产学研协同的研究产生了不利的影响，这是导致我国产学研协同的理论研究和项目实践和一些发达国家存在差距的主要原因。

基于理性经济人的假设，在产学研协同整个系统中，大部分参与者依旧是按照追求自身利益最大化的原则指导自己的行为，主要强调自身利益，合作行为的产生大部分是因为法律契约条款的制约，漠视环境的动态变化，对待项目存在严重的短视行为，在人、财、物的投入上只顾自身的利益，只看到自己的一亩三分地，缺乏全局意识，只想着收获，不愿承担创新所面对的风险，想方设法推卸失败的责任，如此必然无法实现协同。因此，我们必须脱离理性经济人的假设，引入互惠性协同的意识、理念和方式，使协同参与者之间超越理性经济人的准则行事，方有可能促使协同成功。

鉴于我国产学研协同所处阶段，本文构建了产学研互惠性协同模型，并对收集的问卷数据进行实证检验，通过对结果的分析并结合对我国产学研协同实践的认知，本文认为，我国产学研互惠性协同创新战略可以围绕以下要素进行改进。

第一，培育互惠性的产学研协同文化。自2011年协同创新上升为提升创新能力的国家战略以来，我国产学研的实践面临着诸多的问题，众多产学研项目虽然被冠以产学研协同之名，但本质上还是以传统的产学研合作模式进行，造成这种情况的重要原因是互惠性协同文化乏力。培育互惠性文化，不仅需要协同创新系统内企业、高校、研究机构和辅助服务机构的参与努力，还需要系统之外的机构如各级政府的积极引导。同时，作为社会系统中的一个最基本的组成部分，互惠性文化不可能孤立地在产学研协同创新中获得成功，而是需要全社会的共同努力。产学研协同的参与者，承担着塑造互惠性文化的主要责任，培养互惠性文化、提升互惠性意识、促进互惠性行为，从而逐渐养成互惠性协同文化。此外，互惠文化需要政府和社会大众的认同和支持，才能使互惠性文化成为社会广泛认同的行为规范。

第二，积极借鉴发达国家成功的产学研互惠性协同实践经验。在我国产学研协同的实践中，对于如何有效地进行互惠性协同尚无成论，虽然在一些产学研项目中也存在互惠性行为，但多为参与者的一种自发效应，是参与者自觉自发的，缺乏制度性、系统性和目标性的安排。但是在发达国家的一些产学研项目中，在实践过程中参与者之间以互惠为准则指导各自的行为。可能的原因之一是中外之间存在着的文化的不同。因此，在进行本土研究时，研究人员在借鉴国外管理理论的同时，也应该结合我国的具体文化背景来开展研究，否则会得出南辕北辙不符合实际的结论。同时，研究过程中也应该关注理论发展的趋势。根据新古典经济理论，在经济活动中，"理性经济人"仅是一个参照物，而对人的自利性的假设已非亚当·斯密的阐述范围。

第三，以互惠性思想和方法来应对产学研中的合作条款及其与动态环境的匹配问题。产学研一般都是针对重点或难点技术而开展的项目，具有复杂性和高度的不确定性。因此，在合同签订时很难将参与者所有可能的责任和义务全部进行约定。由于外部环境处于不断变化中，产学研协同中难免存在着合同条款与动态环境失配的现象，这也是造成产学研协同遇阻的常见原因之一。因此，我们必须认识到合作条款不完全性及与动态环境的匹配问题，这也是合同中参与者之间的责任和义务划分的难题。在产学研协同过程中，如果参与者过于强调合同条款约定责任义务的履行，忽视外部环境的动态变化和技术的更迭，很可能使产学研的成果无法达到预期的目标。反之，如果参与主体对既定的合同条款进行修改，在自利意识的驱动下，容易使参与者之间发生争执和矛盾，形成彼此间的隔阂，对协同产生负面影响。在这种情况下，互惠性理念才是处理产学研中合同条款不完全性与动态环境的匹配问题所产生的不利于协同的矛盾之钥。

第四，以互惠性文化和理念灵活执行产学研中的合作制度和规范。在产学研协同项目中，为了保证项目的顺利实施，通常都制定了明确的制度和规范，或者由参与者一事一议而商定。这些制度和规范，既可能发挥产学研协同的保障功能，也可能干扰产学研协同顺利实施，在当前科学技术发展更新迭代迅猛的环境中，需要参与者灵活地执行相关的制度和规范。为了实现有效的协同，合作双方应相互包容，树立大局意识，灵活执行合作制度和规范。如果合作参与方的方案调整是基于双方的远期发展，对项目的利益提升有着积极的影响，那即使不利于自身的眼前利益，也不必以条款之名进行阻挠，更不可据此提出苛刻条件借机要挟来获取自身的眼前利益。由此可知，如果缺乏互惠的意识，制度和规范就会失去对协同的保障作用，不利于协同的顺利展开。

第五，摒弃产学研协同中的极端自利意识。产学研协同的成功将使参与者获得收益，因此，在产学研过程中，参与者之间应积极互助，在保证整体利益的情况下尽可能使自身利益最大化。但是，如果参与者中有一方有着极度自利意识，蝇头小利也斤斤计较，最终不仅损害自身的长远利益，而且也会使整个产学研项目无法有效开展。虽然我国传统文化中蕴含着丰富的利他思想，如"初无舍己为人之意，而其胸次悠然"，但在产学研实践过程中经常出现参与方按照自利准则行事，只关注自身利益，缺乏大局意识，面对合作中的问题都紧盯自身利益，丝毫不做让步，最终使得协同无以为继。在一些产学研项目中，一些参与产学研的国有企业的负责人为了在离任或调任后的审计检查中不出现纰漏，会默许甚至纵容一些自利行为。

第六，以互惠性思想和理念来驱动产学研诚信合作。参与者之间诚信的匮乏，对于产学研的顺利实施会产生巨大的阻碍。诚信不足是产学研失败的一个重要原因。诚信的不足或缺失，不仅仅是产学研中的个别现象，也不仅仅是经济领域中特有的现象，而是一种普遍性的社会现象。诚信是市场经济的核心要素，国民诚信品质培育势在必行。因此，互惠性思想和理念可以为产学研诚信建设打开天窗。尽管互惠和诚信存在着差异，并不是一个概念，但两者之间存有较大的相通相融性，互惠性可以成为驱动诚信的动力源。

第七，以互惠性思想引导参与者之间资源的协调。在产学研协同中，参与者需要依据自身优势对项目投入人、财、物等资源，如果不能有效协调，就会对产学研协同造成障碍。在我国一些产学研项目中，无法顺利实施的主要原因就是参与者对于资源投入无法达成共识，从而产生了不信任和矛盾。作为参与者，都期望以较低的成本投入获取较高的收益，甚至期望将自身应支付的成本由他人买单。如果参与者在合作中都是这种意愿的话，协同无法进行，更不可能产生收益。因此，对于资源投入要根据互惠性理念进行协调。参与者都要从长远考虑，最大化地实施资源投入。在合作中，要懂得换位思考，不能锱铢必较，对对方的困难多一些体谅，多分担一些风险和责任。同时，对对方表现出的友善行为也要进行积极的反馈。只有如此，才有可能化解资源协调中的矛盾，促使产学研项目的成功和参与者的最佳收益。

第八，以互惠性的思维加强参与者之间的沟通，使协同参与者之间的目标趋于一致。随着产学研项目的开展，参与者之间必定会进行大量的信息沟通。在我国，一些产学研项目无法完成预期目标，其重要的原因在于参与者之间的沟通存在障碍，信息无法进行有效共享，导致参与者的目标缺乏一致性。沟通不畅的根本原因在于参与者之间或多或少存在着利己思想，凡事都站在自己的角度考虑得失，缺少换位思考意识，片面强调自我利益，导致产学研过程中遇到的障碍越来越多，最后协同失败。另外，导致沟通失败的原因还可能包括诉求表达模糊，没有清晰地传达需要表达的本义，也可能因存在自利倾向而含糊表达，也就是通常说的打擦边球。因此，参与者勿将利己思维作为行动的驱动力，而应秉持互惠性作为准则来进行相互间的沟通，从而使参与者目标能趋于一致，朝着相同的方向进行努力。因此，互惠性既可以作为一种行为模式，也可以作为协同中的行动准则。

互惠性协同意味着战略思想、思维和路径方法在产学研协同的整个实施过程中都能得到运用，体现在产学研协同过程中的各个环节。为了更好地实施产学研互惠性协同，需要对实践过程中遇到的问题和成功的经验经常性地进行分析和总结。同时，获得的经验又可以反过来提升实践的效果，逐渐摸索出符合我国本土协同管理情景的发展路径，从而促进产学研协同有效实施。我国产学研互惠性协同的理论研究还刚刚起步，还需要长时间进行研究探索，在这个过程中需要产学研项目参与方及全社会的共同努力，才能取得产学研互惠性协同的成功。

第 6 章　产学研互惠性协同、知识转化与创新绩效相关性研究模型设计

第三章解析了单个产学研协同的互惠性效应，说明了互惠性行为可以在单个产学研合作中实现协同创新的目标。第四章在第三章的基础上解析了产学研协同的互惠性演化效应，说明了在互惠性机制的驱动下，传统的产学研合作可以转化为产学研协同创新。第五章解析了产学研互惠性协同的微观机理，论证了产学研互惠性协同的现实性。知识经济时代，在知识转化平台上，产学研互惠性协同对创新绩效存在着现实性的促进作用。

6.1　研究模型设计的理论脉络

根据前几章的综合分析及文献梳理，可知互惠性与协同行为存在着天然拟合性。协同行为中必然包含互惠性行为，而互惠性行为必然推进协同行为的深化。

本文的第三章解析了互惠性偏好可以实现产学研创新协同对传统产学研合作的超越。在产学研协同创新莫里斯－霍姆斯特姆委托－代理模型中，通过互惠性偏好的植入，可以发现委托人企业的期望收入是 $Ev - r + \dfrac{b\rho^2\sigma^4}{2(1+b\rho\sigma^2)^2}$，其中，$Ev$ 是理性偏好下企业的产学研协同创新收入。当 $\dfrac{b\rho^2\sigma^4}{2(1+b\rho\sigma^2)^2} > r$ 时，作为委托人的企业可以利用代理人的互惠性回报获取高于理性状态下的收益。同时，代理

第6章 产学研互惠性协同、知识转化与创新绩效相关性研究模型设计

人高校收益为 $\bar{\omega}+r$，$\bar{\omega}$ 为理性状态下的保留收入，r 为企业的善意程度，由此，高校也获取了高于理性状态下的收益。

本文第四章理论性地解析互惠性产学研协同创新市场的形成路径，认为在互惠性偏好的驱动下，产学研市场可以得到脱胎换骨式的转型，从而有利于国家创新战略的实现。根据演化博弈分析的结果可知，在产学研协同创新市场上，当互惠性偏好的参与者达到一定比例后，理性产学研协同创新市场可以实现向互惠性协同创新市场的转化。根据微分方程的"稳定性定理"，在一定条件下，可以存在互惠型市场的稳定状态，即通过演化博弈机制的作用，参与方全部成为互惠型参与者，并使产学研协同创新市场达到最优效率状态。

由此可见，互惠性产学研协同创新机制的培育具有一定的现实性、可行性和必要性。在现有研究中，已有一些针对产学研互惠性协同的探讨，但不深入，也尚未形成具有指导意义的理论体系。Leydesdorff（2003）研究了高校、科研机构、企业的互惠性行为对产学研合作的影响，发现了互惠行为有助于合作成功的证据。曹文杰等（2010）以我国产学研合作项目为样本研究了互惠性偏好的作用，发现合作双方的互惠行为可以极大地促进知识转移的发生，尤其可以突破隐性知识转移的瓶颈。李久平、姜大鹏（2013）认为，相互信任的互惠机制是产学研协同创新开展知识整合的一个基本机制和关键机制，是合作各方互惠互利的需要，因而需要各方参与。Scandura（2016）认为产学研协同创新的过程在本质上就是合作双方互惠互利的过程，这种互惠可以发生在组织层面，也可以发生在团队层面和成员层面。

知识协同是产学研协同的效应主体，很大程度上决定着产学研的成败。前已述及，知识转化是知识管理的基石，是其他一切知识行为的本源。因此，知识转化研究是产学研知识协同研究的突破口。产学研互惠性协同并不直接对创新绩效产生促进效应，而是通过知识转化促进协同创新的成功。在此过程中，组织间的互惠性协同、团队间的互惠性协同、成员间的互惠性协同均对产学研协同中的知识转化存在着促进作用，在此基础上，知识转化推动协同创新的成功。

为此，较在模式构建中，引入了产学研互惠性协同、知识转化、协同创新绩效的概念模型，将产学研互惠性协同分为组织间互惠、团队间互惠、成员间互惠

三种层级，同时沿用知识转化 SECI 模型中的知识社会化、知识外显化、知识内隐化、知识组合化概念，从而为研究模型的设计奠定基础。

6.2 要素设计

6.2.1 产学研互惠性协同要素设计

产学研互惠性协同概念模型的设计，不仅要充分汲取互惠性的内涵，也要参照协同创新的特征，将互惠性理念与行为融入协同理念与行为之中，才能构建起贴近现实的产学研互惠性协同概念模型。

（1）互惠性要素的分析

互惠性思想的精髓是，如果合作一方给予对方额外的利益，就会得到超额的利益回报。在此过程中，合作双方所获取的利益之和大于理性经济模式下的利益之和。在产学研协同创新中，互惠性协同模型的设计，不但要充分吸收互惠性思想的精髓，而且要融合于协同创新的常规模式。

Rabin（1993，1998，2002）教授深入阐述了非理性偏好的内涵，进行了合理的经济学解析，并结合现实经济环境提出了若干理论模型，有效地促进了行为经济理论的发展。随后，Bolton（2001）、Ockenfels（2001）、汪丁丁（2005）、何大安（2005）、叶航（2005）、Cox 等（2007）、蒲勇健（2007）等国内外学者从不同的经济视角探悉了有限理性行为对经济发展的积极影响。

在互惠性实验方面：Camerer 和 Thaler（1995）分析了互惠性检验的主要实验，包括有最后通牒博弈实验、礼物交换博弈实验、信任博弈实验、独裁博弈实验和公共品博弈实验等，更加确信了互惠动机的存在。魏光兴（2007）探悉了互惠动机与激励实验的证据，认为近年来许多结构简单的博弈实验已令人信服地证明了员工在关心自己的物质收益之外还关心他人的收益，并非完全自利。

在互惠性经济模型设计方面：Zou 等（2015）推导了互惠环境下管理者的可信行为和员工努力水平的序贯博弈均衡解，发现当管理者实施可信行为时，互惠敏感性较强的员工会选择较高的努力水平。伏升茂等（2006）研究了互惠模型

Shigesada-Kawasaki-Teramoto 整体解的存在性和稳定性问题，给出了模型平衡点全局稳定的条件。蒲勇健（2007）基于委托——代理模型的互惠性偏好植入，验证了互惠性偏好环境下的经济效应在理论上可以大于理性偏好环境下的经济效应。

人类学家 Sahlins 利用礼物交换中所蕴含的互惠性思想，将交换分为广义交换（generalized exchange）、平衡交换（balanced exchange）和负交换（negative exchange），在此基础上提出了三种互惠形式，即广义互惠（generalized reciprocity）、平衡互惠（balanced reciprocity）和负互惠（negative reciprocity）。

（2）产学研协同创新要素的分析

20 世纪 60 年代，德国物理学家 Haken 认为，协同学的研究对象是由大量性质不同的亚系统所组成的各种复杂系统，以及由亚系统的合作效应所引起整个系统的自组织作用。Haken 强调，通过协调亚系统之间的相互关系，可以使杂乱无章的亚系统趋于稳定与有序。

产学研协同创新是企业与高校或研究机构的一种合作创新，但这种合作创新不是一般意义上的合作创新，而是建立在协同基础上的创新。因此，如何理解协同的要义或内涵，是协同创新解析的本质要求。Chesbrough（2003）认为，协同行为是组织的一种本质行为，在协同的环境中，组织通过资源和服务的共享以及组织间的相互作用来实现协同。Serrano 和 Fischer（2007）认为，协同行为体现了合作方之间所存在的一种心照不宣的默契行为，涉及各合作方知识、资源、行为、绩效的全面整合，同时也起到了排除相关市场竞争限制的效果。

Lawrenee 和 David（2007）认为产学研协同行为存在不同的协同形式，如创新意识协同、组织能力协同、研发能力协同、优质资源协同等。Giuliani 和 Arza（2009）在探讨技术、组织、文化的相互匹配时，认为产学研协同创新中的协同应由六个方面构成，如战略协同、知识协同、人才协同、组织协同、资源协同、信息协同。

何郁冰（2012）将产学研协同创新分解为战略协同、知识协同、组织协同三个要素。其中，战略协同是指价值观、信任、文化、利益观念的协同，知识协同是指组织间显性知识和隐性知识开发的协同，而组织协同是指组织与过程、组织网络化、机制协调等内容。

Xia 等（2014）认为产学研协同行为表现为资源协同、能力协同、效应协同、机制协同、环境协同五种协同形式。Hong 和 Su（2013）提出将产学研协同行为划分为战略协同、知识协同、人才协同、组织协同、资源协同、信息协同等方面。

钱雨等（2015）将协同行为分为资源协同、能力协同、效应协同、机制协同、环境协同五大要素。其中，资源包括实体性资源、联结性资源和外部内隐知识，能力包括资源整合能力、协调整合能力、动态适应能力，效应包括互补效应、整合效应和学习效应，机制包括利益协同机制、关系协同机制、知识协同机制和创新协同机制，环境包括协同创新的内部环境和外部环境。

（3）产学研互惠性协同要素的形成

目前，关于互惠性行为的结构探讨存在着大量研究，关于产学研协同创新解构的探讨也存在着大量研究，但关于二者的结合，即关于产学研中互惠性协同行为的研究却很少见，仅在个别研究中有所提及。Etzkowitz 和 Leydesdorff（1995，2000），Leydesdorff 和 Sun（2009）一直在探讨产学研协同的三维合作模式，即组织层面、团队层面和成员层面的合作，认为在这三个层面均存在着互惠性的因素。Fitch（2014）认为，合作双方的互惠性行为是产学研协同创新的基石，而这种互惠性体现在三个层面，即组织层面的互惠、团队层面的互惠与成员层面的互惠。

企业与高校或研究机构之间的协同可以发生在三个层面：组织层面、团队层面、成员层面，在这三个层面都可以产生互惠性合作行为，或者说都适于互惠性行为发生。在组织层面，企业在制定战略合作方案、资源配置、收益分配等方面，可以对高校实施互惠性行为，同时可以获取高校的互惠性回报。同样，高校的互惠性行为也可以获得企业的互惠性回报。在团队层面，参与产学研合作的双方团队可以在信息共享、资源互补、专用性投资等方面表现出一定的互惠性行为，同时获取对方的互惠性回报。同样，在成员层面，双方的合作者在技术交流、情感互动、设备使用、市场预测、性能检验等合作上的互惠性行为，可以获取对方的互惠性回报。

在本研究中将产学研互惠性协同分解为三个要素：组织间互惠性协同、团队间互惠性协同、成员间互惠性协同。组织间互惠性协同是指发生于企业和高校或研究机构之间的互惠性行为，是战略层面的互惠；团队间互惠性协同是指企业、高校或研究机构参与合作开发的团队之间的互惠性行为，是战术层面的互惠；成员间互惠性协同是指双方参与的各类人员、主要是研发人员之间的互惠性行为，是操作层面的互惠。

6.2.2 知识转化要素设计

1995年，日本学者Nonaka提出了知识转化SECI模型，将知识转化分为社会化（socialization）、外显化（externalization）、内隐化（internalization）和组合化（combination）四个过程，其中，社会化是指隐性知识向隐性知识的转化，外显化是指隐性知识向显性知识的转化，内隐化是指显性知识向隐性知识的转化，组合化是显性知识向显性知识的转化。在产学研协同创新中，这四种知识转化均存在，共同推进协同创新的升级。

在产学研协同创新中，知识转化的四个过程是普遍存在的。协同创新体系中存在着大量的隐性知识和显性知识，知识转化推动着协同创新的进展。技术资料、合作契约、设计方案等都属于显性知识的范畴，而设计灵感、思维模式、开发理念等属于隐性知识的范畴，这些显性知识和隐性知识都是协同创新成功不可或缺的因素。

在现有的研究中，按照SECI模型的解析，将知识转化分为社会化、外显化、内隐化、组合化4个要素，已经成为较为流行的模式，可以应用于不同行业知识转化机制的解释之中（Collins & Smith K，2006；Moodysson & Coenen，2008；Mirjam et al.，2011；Argote和Fahrenkopf，2016）。当然，在不同的管理情境下，SECI模型的内容有所区别。在本研究中，根据知识转化分解的惯例，将产学研协同创新中知识转化分为4个要素：知识组合化、知识外显化、知识内隐化、知识社会化。

6.2.3 产学研协同创新绩效要素设计

由于项目之间会存在目标和导向的差异，因此产学研协同创新绩效指标的思路也明显不同。进行创新绩效设计时，不仅要考虑企业、高校或研究机构的利益目标，也要考虑投入产出、成本消耗、开发周期、产品市场需求和生命周期、以及风险规避等因素。Bodas Freitas（2013）认为，对于企业而言，产学研协同创新的目标是促进科技成果产业化，延长产业技术的生命周期，而对于大学或研究机构而言，产学研协同创新的目的在于发挥科研优势，弥补产业创新的不足。

在本研究中，产学研协同创新绩效的生成是知识转化推动的结果，因而可以设置为一个单一要素模型，即包括创新绩效一个要素。

6.3 研究假设的解析

6.3.1 组织间互惠性协同对知识转化的促进效应解析

产学研协同创新首先在组织层面展开，因而进行组织层面的互惠性分析是必要的。协同行为是组织的一种本质行为，在协同的环境中，组织通过资源和服务的共享以及组织间的相互作用来实现协同（张学文，2013）。组织之间的协同行为体现了合作方心照不宣的默契行为，涉及各合作方知识、资源、行为、绩效的全面整合，同时也起到了排除相关市场竞争限制的效果（Fernández-Esquinas et al.，2016）。

知识转化贯穿于产学研协同创新的始终，组织层面的互惠可以为知识转化创造许多有利的条件。首先，战略规划层面的互惠可以为知识转化提供更为丰富的知识源。企业在协同规划上可以适当向高校倾斜，为高校创造宽松的研发条件，进而换取高校方的合约外投入（李云梅、乔梦雪，2015）。相反，如果企业在战略规划上对高校限制过多，使得高校的科研潜力无从发挥，则会使产学研进入平庸化状态。其次，资源配置层面的互惠可以扩大备选知识的范围，进而创造出更有利的知识转化条件。在这里，资源配置主要指无形资本的配置，如知识产权资本、结构资本、市场资本等（Dean & Michael，2005）。企业在资源配置时，可以充分考虑高校方面的资本需求，为高校提供合适的互补资本，减少高校在专用资本配置上的损耗。这样，可以换取高校在资本配置上的回报。再次，制度层面的互惠可以为知识转化创造更稳定的平台。产学研协同创新协议的确立，必然涉及双方的管理制度，需要与各方的管理制度相适应。但是，合作协议对双方制度都适应的情形是少见的，当在组织层面发生冲突时，如果企业能够做出让步，适当照

第 6 章　产学研互惠性协同、知识转化与创新绩效相关性研究模型设计

顾高校的制度，则会对协同过程产生意想不到的促进作用（Jasmina，2013）。最后，人才配备层面的互惠是知识转化的催化剂。在协同创新中，双方的人才配备是很关键的一个环节。如果企业能够充分考虑到高校的人才需求，为合作团队输送具有丰富生产、安装、调试经验的辅助人员，则会有利于高校研发人员科技潜力的发挥（Bruneel & Salter，2010）。

总体而言，组织层面，即企业和高校之间的互惠性协同是可行且必要的。如果企业能够周全地考虑到高校在资源、人才、制度、利益需求等方面的特征，并给予适当让步，则同样会获取高校的回报，从而为知识转化创造更多的机遇。根据以上分析，提出如下研究假设：

H1a：组织间互惠性协同可以促进产学研协同创新中知识组合化的进展。

H1b：组织间互惠性协同可以促进产学研协同创新中知识外显化的进展。

H1c：组织间互惠性协同可以促进产学研协同创新中知识内隐化的进展。

H1d：组织间互惠性协同可以促进产学研协同创新中知识社会化的进展。

6.3.2　团队间互惠性协同对知识转化的促进效应解析

在产学研协同创新中，团队层面的互惠性协同对促进知识转化至关重要，对于整体互惠性协同发挥着承上启下的作用。协同创新可以发生在团队层面，在很多场合下，团队层面的协同是整体协同的支点。美国学者 Peter 认为，协同创新是由自我激励的成员构成网络小组并形成共同目标，通过网络来交流知识、信息和工作进度，协同实现小组目标。白俊红、卞元超（2015）探析了团队间的合作在产学研协同创新中的作用，认为高校的研发团队不仅需要与企业的技术团队建立密切的协作关系，也要与生产团队、质检团队、营销团队加深沟通。可见，团队层面的互惠协同是非常重要的。

在产学研协同创新系统中，双方均派出研发团队参与，同时还会派出生产、质检、市场分析、安全等团队作为辅助，而互惠性行为的实施可以增强或加快系统的知识转化。首先，双方研发团队之间的互惠可以增进技术型知识资本的转化。高校和企业的研发团队承载着大量的技术型隐性知识，只有在知识转化中，这些隐性知识才能发挥作用（Osabutey et al.，2014）。由于隐性知识存在着非编码性特

征，无法依靠常规制度来激励，只能借助于双方的自发动力，而这种自发动力只能来源于双方的互惠。如果一方懈怠，则知识转化就会受阻（Azagra-Caro et al., 2016）。其次，高校研发团队与企业生产、质检、安全、市场团队之间的互惠同样可以促进系统内部的知识转化。为了确保协同创新的最大成功，高校研发团队不仅与企业研发团队之间进行合作与交流，也需要与企业的生产、质检、安全、市场分析团队进行合作与交流（Sherwood & Covin, 2008）。显然，双方的互惠性行为有助于这种合作与交流深入推进。再次，专用性投资协同互惠是团队层面互惠协同的关键，为知识转化创造了良好的环境。在产学研合作协同创新中，需要大量的专用性投资。尽管在组织层面规划了资源的配置方案，但具体投资策略与方向依然依赖于团队层面的决断（Santoro & Bierly, 2006）。如果在专用性投资上相互推诿、求全责备，则不利于专用性投资的应用，也阻碍了与专用性投资相关的知识转化。最后，团队文化的互惠性协同是知识转化的温床，尤其有利于知识的外显化和组合化。文化互惠是互惠的最高境界，在产学研协同中不可缺少（Antonelli, 2008）。许多产学研协同创新的失败，在于文化的非兼容或文化冲突，尤其是在团队层面无法解决双方文化的融合问题（Malik, 2013）。互惠性是解决文化冲突的良药，在跨国、跨种族、跨地区产学研协同中的积极作用更为明显。团队的文化包容性越强，知识转化就越迅捷。

总体而言，团队层面的互惠是可行且必要的，不仅体现于各类团队之间的能力、资源、制度等要素的互惠，也应关注专用性投资上的互惠，同时应深入培育和探索文化互惠的可行之策，从而构建起高效的互惠型合作团队。在这样的团队组合中，知识转化的进程必然更加顺利。根据以上分析，提出如下研究假设：

H2a：团队间互惠性协同可以促进产学研协同创新中知识组合化的进展。

H2b：团队间互惠性协同可以促进产学研协同创新中知识外显化的进展。

H2c：团队间互惠性协同可以促进产学研协同创新中知识内隐化的进展。

H2d：团队间互惠性协同可以促进产学研协同创新中知识社会化的进展。

6.3.3 成员间互惠性协同对知识转化的促进效应解析

成员间互惠是产学研协同创新中最基础的互惠性行为，对知识转化起到最直接的驱动效应。长期以来，成员之间的协同是产学研协同创新研究的一个重要方向。从底层逻辑看，创新协同是指双方的参与人员在发挥各自作用、提升自身效率的基础上，通过机制性互动而产生效率的质的变化过程（许庆瑞等，2006）。Elisa 和 Einar（2017）探讨了产学研协同创新中成员之间协同行为的构成要素及相互关系，认为成员之间协同行为可以由五个要素所组成，分别是协同资源、协同能力、协同效应、协同机制、协同环境。一旦缺少成员之间的协同，团队和组织层面的协同则无从谈起。

　　成员之间的互惠性协同涉及多种知识转化类型，在知识转化的驱动上功不可没。首先，信息共享互惠是成员间协同互惠最初级、最基本，也是最重要的互惠形式。企业与高校的参与人员在合作开发过程中需要分享对方的信息，才能使自己的能力发挥到极致（Yasuyuki，2014）。但是，局限于人的自利本性，知识贡献不是自动发生的。不过，在互惠环境下，这一难题可能会迎刃而解。如果一方能够贡献给对方一定量的信息，就有可能得到对方同量或超量的信息回报（Chen & Peng，2004）。其次，理念与创意互惠是成员层面协同互惠的关键，在很多场合下决定着协同创新的成败，这也是一种典型的知识社会化行为。理念与创意的碰撞往往会擦出成功的火花，但是，由于组织上、制度上、心理上隔阂的存在，双方研发人员或参与人员很难在理念与创意上天然对接，这是阻碍产学研协同创新成功的常见现象（Ankrah & Burgess，2013）。不过，互惠性意识和行为可以有效地打破这种狭隘性的心理封闭。再次，信任和情感互惠是成员层面互惠协同的高端互惠行为，是知识转化的沃土，尤其适用于隐性知识的转化。由于参与人员之间信任的缺乏，导致了大量产学研协同创新项目功亏一篑（Al-Tabbaa & Ankrah，2016）。参与人员之间的信任，很难依靠行政指令来建立，主要源于个体的自发意识。如果一方给予另一方充分的信任，或者情感鼓励，必然会得到相应的回报或补偿（Wolin & Lawlor，1984）。最后，声誉谦让互惠是产学研协同创新中成员层面互惠行为中不可忽视的因素，可以形成深度、稳定、惯性的知识转化机制。在现代经济环境下，科技人员不仅看重物质利益，更会在意个人的荣誉，这是无可厚非的（Winkelbach & Walter）。但是，在实际操作中，如果总是在名利上计较个人得失，就很容易使协同失败。如果一方能做出适当让步，就会让对方也产生让步的想法和行动，双方关系会更加融洽、稳固，更易形成长期稳定的合作态势。

总体而言，成员层面的互惠是可行且必须的，与知识转化存在着更为直接的关系。成员层面的互惠是团队与组织层面互惠的基础，团队与组织层面的互惠需要以成员层面的互惠来承载。当然，这三者不是替代关系，而是平行关系。成员层面的互惠主要涉及个体知识的转化，这是协同创新成功的基本保障。根据以上分析，提出如下研究假设：

H3a：成员间互惠性协同可以促进产学研协同创新中知识组合化的进展。

H3b：成员间互惠性协同可以促进产学研协同创新中知识外显化的进展。

H3c：成员间互惠性协同可以促进产学研协同创新中知识内隐化的进展。

H3d：成员间互惠性协同可以促进产学研协同创新中知识社会化的进展。

6.3.4 产学研知识转化对创新绩效的促进效应解析

产学研协同创新的过程是知识整合的过程。在这里，知识整合是指企业、大学、科研院所之间跨组织的知识合作，包括交流、共享、重构等，从而实现知识增值（Bercovitz & Feldman, 2008）。这个过程是以知识社会化、知识外显化、知识内隐化、知识组合化为基点而实现的，所有的外部知识活动都可以归结为知识转化的某一行为（Nonaka & Takeuchi, 1995）。

产学研协同创新是不同知识主体之间的协同创新行为，通过知识流动和知识配置实现大学与科研机构的知识创造，促进企业和高校之间的知识融合（Xie et al., 2016），这个过程必然伴随着知识转化。如果缺乏知识转化，所有的知识活动只是僵化的活动，就无法实现知识增值。产学研协同创新的过程就是产学研各主体之间通过知识共享、知识流动、知识转移、知识协同而形成知识优势的过程（Zhong et al., 2016）。由于所有的知识活动都是以知识转化为基础的（Nonaka, 1995），所以知识转化的效果与质量在很大程度上决定了产学研协同创新绩效的高低。

Sherwood 和 Covin（2008），Gertner 等（2011）等认为，在产学研协同创新中，成员间的知识互补是知识协同的核心内容之一，表现为双方合作成员之间的知识转化或知识转移。因此，在产学研协同创新中，时刻存在着知识转化，正是知识转化的存在推动着产学研协同创新的成功。在产学研协同创新中，存在着四种基本知识类型：个体显性知识、个体隐性知识、组织显性知识、组织隐性知识，这四种知识不断转化的过程，就是协同创新成长的过程，也就是不断产生创新绩效的过程。

首先，知识组合化在产学研协同创新中是一种周而复始的常态。无论在企业、还是在高校、科研机构中，都存在大量的显性知识，或以个体显性知识的形态而存在，或以组织显性知识的形态而存在。由于这些显性知识分属于不同的组织，即分属于企业、高校或科研机构，因此需要整合在一起，形成新的知识组合，才能在协同创新中发挥实质性的作用（Premus，2003）。目前，产学研合作各方无不重视显性知识整合的作用，互通有无、相互补充，充分地发挥显性知识自身组合的作用（Hemmert et al.，2014）。

其次，知识外显化是产学研协同创新的催化剂。在产学研协同创新中，一个有价值的开发思路需要向团队表述出来，继而在合作双方的平台上进行讨论，最后才能形成开发方案，这是产学研合作成功的一般路径，也是典型的知识外显化过程（Franco & Haase，2015）。当然，良好的开发思路不仅包括技术信息，也包括市场信息和生产信息，要兼顾市场需求与设备供应的可行性，而不能唯技术是从。产学研参与人员存在着大量的隐性知识，而产品设计的最终成果是显性知识，因此，将前者的隐性知识转化为后者的显性知识，是协同创新成功的关键（Senker，1995）。

再次，知识内隐化是产学研协同创新成功的关键路径。在产学研协同创新中，新产品最终开发方案的确立往往是多次反复的过程，即在现有设计方案的基础上再深入思考，形成具有更高价值的方案，这也是典型的知识内隐化的过程（Numprasertchai & Igel，2003）。同时，在合作开发过程中，双方的技术人员不仅要不断地汲取外部知识，也要相互学习，并大力研究市场和生产信息，才能开发出最完美的产品（Valentina & Tartari，2015）。可见，知识内隐化贯穿于产学研协同创新的始终，并存在着不同的表现形式。

最后，知识社会化是产学研协同创新的制胜法宝。尽管在产学研协同创新中存在着知识外显化和知识内隐化的相互交替，但是，隐性知识并不是单纯地转化为显性知识，显性知识也并不是单纯地转化为隐性知识，因为在这个过程中，包含着隐性知识自身的转化。尤其对于复杂产品设计而言，隐性知识自我转化的环节越多，产品设计成功的可能性就越大，产品的竞争力就越强（Anklam P，2002）。产品设计是一种高度抽象化的过程，不仅体现于成员思维的抽象化，也体现于团队思维的抽象化（Ornella Wanda Maietta，2015）。抽象化的过程是研发团队最根本的素质要求，也是典型的知识社会化过程。

产学研协同创新中的知识效应已经引起相关研究者的关注，知识管理在协同创新中的价值和作用受到重视。Bo Bernhard Nielsen（2005），朱向梅（2010）等在研究产学研知识创新网络组织结构时，强调了个人知识与组织知识之间转化的重要性，认为这种知识转化最终体现为隐性知识与显性知识之间的转化。魏奇锋、顾新（2011）运用SECI模型详细阐释了产学研合作中知识转化的过程，认为合作的效率在很大程度上取决于知识转化的效率，强调在产学研合作中，知识转化发生于高校或研究机构与企业所组成的虚拟企业。Schartinger D, Rammer C, Fischer M（2002），肖玲诺等（2013）认为，知识转化是产学研可持续运行的保障，产学研知识转化是显性知识与隐性知识之间的转化，进而实现知识向能力、成果的转化。

虽然这些研究从知识管理的视角来探讨产学研协同创新中知识行为的重要性而没有专注于知识转化，但众所周知，知识转化是知识管理的枢纽，尤其是SECI模型的确立奠定了知识管理大厦的根基，在产学研协同创新中，一旦知识转化被激活，知识管理便迎刃而解。

根据以上分析，提出如下研究假设：

H4a：知识组合化可以推进产学研协同创新的进展与升级。

H4b：知识外显化可以推进产学研协同创新的进展与升级。

H4c：知识内隐化可以推进产学研协同创新的进展与升级。

H4d：知识社会化可以推进产学研协同创新的进展与升级。

6.4 研究假设的归纳与研究模型的确立

6.4.1 研究假设的归纳

根据研究假设解析的内容，可以将本文的研究假设归纳如表 6-1 所示。

表 6-1 研究假设归纳

假 设	内 容
H1a	组织间互惠性协同可以促进产学研协同创新中知识组合化的进展
H1b	组织间互惠性协同可以促进产学研协同创新中知识外显化的进展
H1c	组织间互惠性协同可以促进产学研协同创新中知识内隐化的进展
H1d	组织间互惠性协同可以促进产学研协同创新中知识社会化的进展
H2a	团队间互惠性协同可以促进产学研协同创新中知识组合化的进展
H2b	团队间互惠性协同可以促进产学研协同创新中知识外显化的进展
H2c	团队间互惠性协同可以促进产学研协同创新中知识内隐化的进展
H2d	团队间互惠性协同可以促进产学研协同创新中知识社会化的进展
H3a	成员间互惠性协同可以促进产学研协同创新中知识组合化的进展
H3b	成员间互惠性协同可以促进产学研协同创新中知识外显化的进展
H3c	成员间互惠性协同可以促进产学研协同创新中知识内隐化的进展
H3d	成员间互惠性协同可以促进产学研协同创新中知识社会化的进展
H4a	知识组合化可以推进产学研协同创新的进展与升级
H4b	知识外显化可以推进产学研协同创新的进展与升级
H4c	知识内隐化可以推进产学研协同创新的进展与升级
H4d	知识社会化可以推进产学研协同创新的进展与升级

6.4.2 研究模型的确立

本研究拟采用结构方程模型（SEM）进行研究假设的检验，基于结构方程模型理论，根据研究假设的归纳，构建研究模型如图 6-1 所示。本研究模型包含 3 个外源变量、4 个中间变量、1 个内生变量。3 个外源变量是组织间互惠性协同、团队间互惠性协同和成员间互惠性协同，4 个中间变量是知识组合化、知识外显化、知识内隐化和知识社会化，1 个内生变量是协同创新绩效。

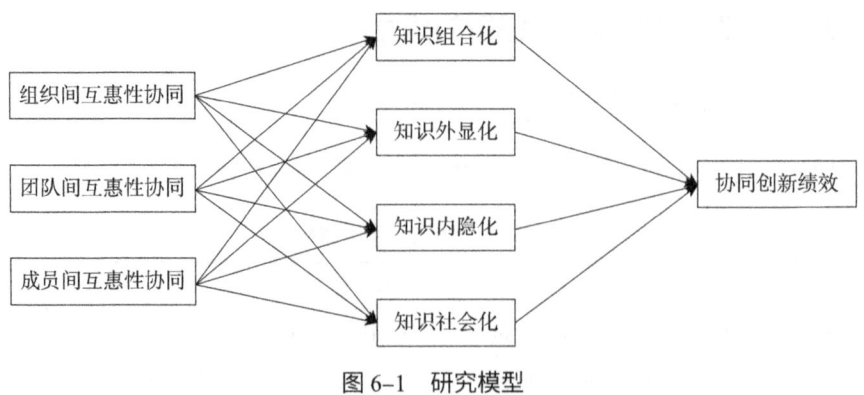

图 6-1　研究模型

设组织间互惠性协同为 ZH、团队间互惠性协同为 TH、成员间互惠性协同为 CH，设知识组合化为 KC、知识外显化为 KE、知识内隐化为 KI、知识社会化为 KS，同时设产学研协同创新绩效为 PE，则符号模型如图 6-2 所示。

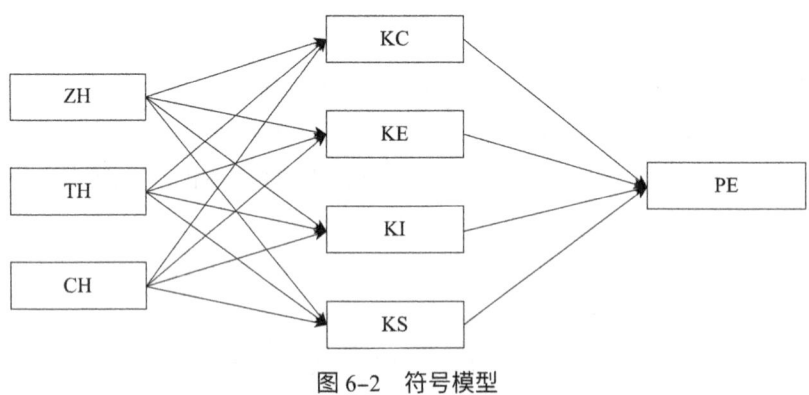

图 6-2　符号模型

6.5　本章小结

在第三章互惠性委托-代理分析和第四章互惠性演化分析的基础上，本章构建了产学研互惠性协同、知识转化与创新绩效相关性研究模型。产学研互惠性协同对知识转化的促进，在微观层面可以分解为组织间互惠性协同、团队间互惠性协同、成员间互惠性协同对知识社会化、知识外显化、知识内隐化、知识组合化的促进。同时，在知识转化的推动下，产学研协同创新绩效产生并呈上升趋势。

第 7 章 问卷设计、样本调查与因子分析

问卷设计是样本调查的前提，样本调查是因子分析的基础，进而才可以实施模型检验。问卷设计不但要借鉴国内外现有研究成果，还要根据我国产学研协同创新的情境进行适当的语义转换。样本调查的对象是我国产学研协同创新项目。因子分析包括探索性因子分析和验证性因子分析，目的是实现测度量表的信度检验和效度检验。

7.1 互惠性协同测度指标设计

7.1.1 互惠性协同测度指标设计的理论分析

互惠性协同测度指标的设计，一方面要考虑到现有相关研究中关于协同创新的类型解析与要素分解，另一方面要融入互惠性的理念和行为，才能形成合理的互惠性测度体系。在组织层面的互惠，主要考虑企业对高校或研究机构的互惠，以及高校的互惠回报。在团队层面的互惠，主要考虑双方团队对对方给予的互惠及回报。在成员层面的互惠，主要考虑双方参与人员的互惠性意识与互惠性行为。

在互惠性行为指标设计上，存在着一些有价值的研究成果可供吸收借鉴。Ananish Chaudhuri（2016）分析了合作行为中的公平与互惠的特征，对公平与互惠的具体行为进行了区分。Fehr, Gächter（2000）分析了经济活动中互惠行为的外在形式，提出了若干种典型的互惠行为，强调只有在双向互惠中，互惠行为才能得以延续。Marianna Bicskei 等（2016）在最后通牒实验中也发现了互惠行

为的存在，并进行了详细的描述。董志勇、黄必红（2003）探讨了行为经济学中的公平和互惠问题，强调在社会经济活动中，公平和互惠是一个非常重要的研究课题，并详细梳理了经济互惠行为的模式。

张洪恩，王覃刚（2007）开发了中国管理情境下互惠合作行为的测度量表，包括互惠唤起、互惠响应、互惠回报、互惠升级等方面。林昭文等（2008）基于互惠性偏好的视角实现了知识转移模型与委托——代理模型的拟合与改造，认为知识转入方可以充分利用知识转出方的互惠性偏好来获取更高的知识转移价值，并分析了知识互惠行为的特征。刘敬伟（2009）基于研发型团队的样本数据，揭示了互惠性文化与组织学习的融合性，详细解析了组织学习中的互惠行为，认为互惠性行为是组织学习成功的支柱。李双燕、万迪昉、史亚蓉（2009）运用在中国文化背景下开发出来的互惠性测度量表，考察了企业中的三种类型的互惠性行为对员工的角色内绩效、组织公民行为和工作满意度的影响，发现互惠性行为对于组织内个人的公民行为和工作满意度具有正向的影响作用。

同样，在产学研协同创新行为分析上，也存在一些有价值的研究成果可以借鉴。Veugelers R, Cassiman B（2005）研究了比利时制造业的产学研协同创新问题，解析了协同的模式和路径，在此基础上详细阐释了双方协同的行为模式及特征，并对协同行为进行了归类分析。Hemmert 等（2014）研究了日本企业产学研协同创新的边界问题，认为协同的过程是双方合作逐步深入的过程，并详细分析了每个阶段的协同行为的特征。Perkmann 等（2013）分析了韩国企业产学研协同创新中协同行为与欧美的差异，发现韩国产学研协同行为受到东亚传统文化的影响，存在着较高的柔性。邱栋、吴秋明（2013）将协同创新的影响因素分为个体内部因素、双方因素和外部环境因素三个方面。其中，个体内部因素包含协同创新意识、组织协调能力、研发能力、优质资源、知名度和权威性等指标；双方因素包含文化兼容性、制度兼容性、知识技术兼容性、沟通渠道、合作经历、利益分配、地理位置靠近等指标；外部环境因素包含协同创新氛围、政策支持、市场环境等指标。

7.1.2　组织间互惠性协同要素设计

在产学研协同创新中，组织间互惠是指高校、研发机构、企业之间存在的互惠行为。互惠主义可以作为企业内合作行为的新解释，企业内不同要素所有者之间的长期的、持续的、面对面的相互作用，有助于形成双方的互惠主义信念（石高宏，2004）。

董恒敏、李柏洲（2015）认为，合作组织之间的互惠体现于战略规划设计时对合作方利益的监管状况，如果不能适当地考虑对方的利益，互惠行为就会很快消失。Bicskei（2016）探讨了合作企业之间知识产权的互惠，认为互惠行为可以有效提高知识产权的使用价值。Isabel Estrada, Dries Faems（2016）在研究供应商合作关系的互惠机制时，认为企业之间的互惠体现在双方的互惠性制度设计与战略规划等方面，即在合作制度和合作规划设计时要考虑到对方的利益。Sethi 和 Somanathan（2003）在 Rabin（1993）互惠思想的基础上分析了组织间互惠的特征，认为积极的人员互补是互惠的一种重要形式，因为合作的目的之一就是人力资本的融合开发。Sarpong（2015）认为，在产学研协同创新中，要实现设备投入的成本最小化或利益最大化，需要合作双方兼顾对方的利益，采用最佳设备及其他器具的投放方式。

借鉴以上研究，在本研究中，将产学研协同创新组织间互惠性协同分为规划协同互惠、无形资产互惠、制度设计互惠、人才配置互惠、设备投入互惠 5 个指标，具体内容如表 7-1 所示。

表 7-1　组织间互惠性协同测度指标

序　号	题　项	具体内容	文献出处
ZH1	规划协同互惠	企业在协同创新规划上明显地兼顾高校的利益获取和成本补偿。	董恒敏、李柏洲（2015）
ZH2	无形资产互惠	企业在知识产权等无形资源投入上明显照顾到高校的资源需求。	Marianna Bicskei 等（2016）
ZH3	制度设计互惠	企业在协同创新合作制度的设计上明显考虑到高校的制度特征。	Isabel Estrada I（2016）
ZH4	人才配置互惠	企业在协同创新中主动为高校补充稀缺的生产、调试、安装、质检、市场需求分析类辅助人员。	Rajiv Sethi R, Somanathan E(2003)
ZH5	设备投入互惠	企业和高校在研发过程各阶段的设备、仪器、工具投入中会考虑对方的成本与损失。	Sarpong D（2015）

7.1.3 团队间互惠性协同要素设计

在产学研协同创新中，团队间互惠行为发生在双方参与的团队之间。其中，双方的项目负责人对互惠质量存在着重要影响。一般而言，高校方派出研发团队，而在企业方，除了技术团队配合外，还有营销、生产、质检等辅助人组成的团队，以提高平行开发的效果。

侯二秀、石晶、秦蓉（2016）认为，在产学研协同创新中，双方团队在资源、时间、仪器仪表的配置中要适当兼顾对方的需求和适应性，才能实现最大程度的合作，这其实就是一种互惠行为。Tullberg（2004）模拟了两个团队之间的互惠方式，将互惠行为分为九类，认为互惠涉及团队之间的一切合作行为，即所有的合作行为都可以用互惠理念来改造。Sobel Joel（2005）认为在组织合作中，投资性互补是必须的，需要将投资行为作为合作行为之一，而不应视为单方的行为。Zheng（1987）很早就研究了团队合作中的文化互补问题，认为最有效的互补就是能够包容对方的文化。Ankrah 和 Omar（2015）发现，许多协同创新的中断或失败，都是由于一方的独断造成，即在设计方案、计划、流程的更替中没有考虑到对方的接受能力与适应能力。

借鉴以上研究，在本研究中，将团队间互惠性协同分为研发互惠协同、研发辅助互惠、专用投资互惠、团队文化互惠、方案调整互惠 5 个指标，具体内容如表 7-2 所示。

表 7-2　团队间互惠性协同测度指标

序号	题项	具体内容	文献出处
TH1	研发互惠协同	高校与企业的研发团队之间在能力匹配、资源配置、制度设计上存在着明显的互惠行为。	侯二秀、石晶、秦蓉（2016）
TH2	研发辅助互惠	高校研发团队与企业的生产、质检、安全、营销团队之间在合作与沟通上存在着明显的互惠行为。	Tullberg J（2004）
TH3	专用投资互惠	高校研发团队与企业的各类参与团队在专业性资本投资上可以实现有效互补。	Joel S（2005）
TH4	团队文化互惠	双方研发团队之间的团队文化建设能够照顾到对方的团队文化特征。	Zheng S（1987）
TH5	方案调整互惠	高校团队在设计方案、思想、理念调整上能够兼顾对方的感受与适应性。	Ankrah S, Omar A（2015）

7.1.4 成员间互惠性协同要素设计

在产学研协同创新中，成员间的互惠是高校、企业、研发机构所派出的项目参与人员之间的互惠，这是产学研协同创新中最基本的互惠形式，对产学研协同创新的成功存在重要影响，因为所有协同目标均通过双方参与者来实现。

Berbegal-Mirabent（2015）认为个体之间的互惠行为主要体现在信息沟通、利益让与、情感信任等方面。朱浩（2016）认为，在协同创新中，最高境界的协同是双方参与人员向对方贡献出自己的思维和理念，实现螺旋式的创意生产，但这种要求对于参与人员是一个挑战，很少能真正做到。Tangpong 等（2016）认为，无论在生物界还是在经济活动中，包括互惠在内的利他主义不仅体现在物质互补上，也体现在情感互补上，并发现在个体的互惠利他中，这种现象更为明显。Pai 和 Hsien-Tung（2016）在探讨个体互惠行为的根源时发现，谦让是互惠的触发器，也是互惠的要素之一，在人类社会中，许多互惠行为的发生是谦让的延续。李双燕、万迪昉（2009）认为在中国管理情境下，个体之间互惠行为的设计要考虑到"人情""关系""文化体制"的影响，如果不能被大多数人所接受，就无法达到互惠的目的。

借鉴以上研究，在本研究中，将成员间互惠性协同分为信息共享互惠、创意整合互惠、信任情感互惠、声誉让与互惠、行为适度互惠5个指标，具体内容如表7-3所示。

表7-3　成员间互惠性协同测度指标

序号	题项	具体内容	文献出处
CH1	信息共享互惠	高校研发人员在技术、市场、产品性能等信息共享上与企业参与人员之间存在着明显的互惠性行为。	Berbegal J M（2015）
CH2	创意整合互惠	高校研发人员与企业技术人员在产品创意设计的交流上，可以达到推心置腹的境地。	朱浩（2016）
CH3	信任情感互惠	高校参与人员与企业参与人员在情感、信任、价值观上，可以达到水乳交融的境地。	Chanchai T, Jin Li（2016）
CH4	声誉让与互惠	高校参与人员与企业参与人员在合作中，经常谦让自己的功劳而将荣誉让与对方。	Pei Y P（2016）
CH5	行为适度互惠	高校与企业参与人员之间的礼让、谦逊、谅解行为在一定的情理范围之中，不会被大多数人认为是怪异行为。	李双燕，万迪昉（2009）

7.2 知识转化测度指标设计

7.2.1 知识转化测度指标设计的理论分析

产学研协同创新中知识转化测度体系的设计，需要基于产学研合作体系或虚拟企业中知识转化的脉络，知识转化可以发生在以下几种情形下：第一，知识转化可以发生在组织内部，即知识转化可以发生在企业内部，也可以发生在高校或科研机构内部（Aerts，2016）；第二，知识转化可以发生在组织之间，即发生在企业、高校或科研机构所组成的虚拟企业之中，涉及企业、高校或科研机构多个主体（Osabutey et al.，2016）；第三，知识转化可以发生在团队内部，即发生在企业、高校或科研机构参与产学研合作的研发团队、生产团队、营销团队内部；第四，知识转化可以发生在团队之间，即发生在虚拟组织内部（Szulanski，1996）。也就是说，在产学研协同创新中，分属于不同组织的各类团队之间也会发生知识转化，且在产学研知识转化中居于重要位置；第五，知识转化可以发生在不同组织的成员之间，即在企业、高校或科研机构的内部参与人员中，即使属于同一组织，但由于信息交流的需要，也会发生各种各样的知识转化（Nilsen & Anelli，2016）；第六，知识转化可以发生在不同组织的不同人员之间，即为了深入协同创新，分属于企业、高校或科研机构的人员之间也需要进行程度不等的知识转化（Elias & Carayannis，2000）；第七，知识转化可以发生在组织与团队之间，即企业、高校或科研机构与其所属或他属的团队之间存在着知识转化；第八，知识转化可以发生在组织与个人之间，即企业、高校或科研机构与其所属或他属的个人之间存在着知识转化（Scaringella and Burtschell，2017）；第九，知识转化可以发生在团队与个人之间，即企业、高校或科研机构所属的各个参与团队与自己成员、他属成员之间存在着知识转化。

在产学研互惠性协同创新中，尽管知识转化是一个复杂的系统，但主要的知识转化流程不外乎这九种基本形式。当然，在每种基本形式中，包含着知识组合化、知识外显化、知识内隐化、知识社会化四种流程。因此，对于 SECI 模型中四种基本的知识转化流程而言，可以根据产学研协同创新的基本特征，抽取关键性的转化形式作为知识转化流程的测度要素或指标。

7.2.2 知识组合化要素体系设计

知识组合化是企业和高校将各自的概念性知识整合成知识系统的过程，可以通过交谈、文献传输、会议、媒体等方式来实现。Siegel 和 Waldman（2003）等认为，在产学研协同创新中，不同类型的参与人员之间需要进行知识交流，扩大自己的知识容量，同时也扩大合作团队的知识容量。Tartari（2015）等认为，在很多产学研合作项目中，技术方案的交流不是一步到位的，需要长时间的沟通，最终达成一致的认识。Abramo 和 Dangelo（2011）认为，为了确保产学研合作的成功，合作双方需要制定一些信息共享机制或制度，这对于确保信息沟通的有效性是必要的。Ivanova 和 Leydesdorff（2014）认为，在合作各方的交流中，最重要的目标是能够实现双方的信息互补。Charles（2013）认为，在合作协议达成、双方信息高度共享后，资料库随之扩大，双方参与人员应善于从资料库中选择有价值的资料来促进产品开发。

借鉴以上研究，在本研究中，将产学研协同创新中知识组合划分为成员知识组合、技术团队组合、知识组合规划、技术市场组合、资料过滤组合5个指标，每个指标的具体内容如表7-4所示。

表7-4 产学研协同创新中知识组合化测度指标

序号	题项	具体内容	文献出处
KC1	成员知识组合	技术人员、营销人员、生产人员在协同创新中经常进行知识交流。	Siegel, Waldman D A（2003）
KC2	技术团队组合	企业技术团队与高校技术团队可以顺利实现技术方案的交流。	Valentina & Tartari（2015）
KC3	知识组合规划	企业和高校拟定并实施了科研资料、档案、说明书等公开信息共享的章程和机制。	Abramo G, Dangelo C（2011）
KC4	技术市场组合	在协同创新过程中可以有效实现技术信息和市场信息的互补。	Inga A. Ivanova, Loet L（2014）
KC5	资料过滤组合	合作各方的技术人员，擅于从对方和己方的资料库中过滤出更有价值的资料。	Mathies C（2013）

7.2.3 知识外显化要素体系设计

知识外显化是产学研协同创新中知识创造的关键环节，一般在高校与企业之间运用隐喻、模拟、模型序列等方法来实现。Lai（2011）等认为，产学研合作开发如同单个企业自身开发一样，需要将产品设计的思想和理念不断向所有的参与人员表述，以便使辅助人员达到最佳辅助状态。Agrawal（2001）和 Inzelt（2004）发现在很多合作项目中，碍于心理因素，技术人员不愿意将未成型的设计理念向外披露，迟滞了开发进程，因而需要给予适当的激励。Leea 和 Ohtab（2010）认为，在产学研合作中，作为产品研发的主要承担方的高校，需要将己方的设计理念、创新、构想不断向企业汇报，以免日后发生严重分歧。原长弘、孙会娟（2013）强调，产品开发的目的是为了能顺利投放市场，因此，参与的营销人员应与技术人员一起，对产品的市场需求进行合理的预测，以便相应地调整开发成本。Bodas Freitas 等（2013）认为，在产学研合作开发过程中，合作双方的互学是必要的，尤其要学习对方的理念、创意、技巧、经验，这对于企业方更重要，可以应用于产品的质检、生产、售后维护等方面。

借鉴以上研究，在本研究中，将产学研协同创新中知识外显划分为成员思维外显、成员设计激励、团队思维外显、合理市场预测、隐性技能借鉴 5 个指标，具体内容如表 7-5 所示。

表 7-5 产学研协同创新中知识外显化测度指标

序号	题项	具体内容	文献出处
KE1	成员思维外显	技术人员的初始设计理念或思维，可以向团队翔实地阐释和表述。	Lai W H（2011）
KE2	成员设计激励	组织或团队激励研发人员大胆地披露和陈述自己的产品构思。	Agrawal A K（2001）
KE3	团队思维外显	高校研发团队的设计方案能够向企业方进行细致的汇报和交流。	Leea K J, Ohtab T（2010）
KE4	合理市场预测	研发团队根据产品的技术特征可以合理地预测出市场需求量。	原长弘、孙会娟（2013）
KE5	隐性技能借鉴	合作双方的参与人员注重学习、吸收、消化对方的经验、技巧和设计理念。	Isabel M, Bodas F（2013）

7.2.4 知识内隐化要素体系设计

知识内隐化是产学研协同创新过程中，高校和企业相互学习的过程，主要学习对方的经验、技能、理念等，转化为自己的思想。Franco 和 Haase（2015）等认为，如同独立开发一样，在产学研协同中，双方的参与人员要不断地获取外部的公开性信息，转化为自己的设计思想，而不能局限于合作框架内部。姚艳虹、周惠平（2015）认为，合作双方成员组成的团队是一个整体，领悟他人的长处是必要的，不仅包括己方人员，也包括合作方人员。Bruneel（2010）认为，新的创意、理念、开发风格的形成是必要的，可以不断提升产品开发的档次，否则，开发水平会一直原地徘徊。吴悦等（2016）认为，并行开发的方法一般更为有效，在这个过程，客户的需求信息与市场变化信息要不断融入产品的设计理念之中，使产品更适合于市场的动态需求。Fontana 和 Geuna（2006）认为，由于许多合作新产品开发是在并行方式下进行的，研发人员应注重对试生产、质量检验、性能测试等产品信息的吸收，及时调整设计理念与创意。

借鉴以上研究，在本研究中，将产学研协同创新知识内隐化分解为外部知识学习、内部技术汲取、深度设计升级、市场信息吸收、生产信息吸收 5 个指标，具体内容如表 7-6 所示。

表 7-6　产学研协同创新中知识内隐化测度指标

序号	题项	具体内容	文献出处
KI1	外部知识学习	研发人员不断汲取组织外部的知识并转化为自身的设计理念。	Mário F, Haase H（2015）
KI2	内部技术汲取	研发人员在产学研系统内部不断学习他人的长处来充实自己。	姚艳虹、周惠平（2015）
KI3	深度设计升级	在现有的产品设计方案的基础上可以不断形成新的创意和理念。	Bruneel J（2010）
KI4	市场信息吸收	研发人员不断将市场需求信息及动态特征吸收到设计方案之中。	吴悦、张莉、顾新（2016）
KI5	生产信息吸收	研发人员应不断将产品试生产、质检、性能测试等信息融入设计方案。	Fontana R, Geuna A（2006）

（4）知识社会化要素体系设计

知识社会化是高校和企业共享经验的过程，在这个过程中，企业、团队、个体均可以从对方获取隐性知识，同时创造出更新的隐性知识。Deste 和 Patel（2007）

发现，在高水平的新产品开发中，最终创意的形成往往并不直接来自成熟的资料，而往往来自未成型的思想和方案，即现在所流行的"从创意到创意"的理念。Marco Guerzoni（2014）认为，在产学研的团队研发中，成员之间的相互启迪是必要的，尤其是不同参与方成员之间的启迪，可能会产生意想不到的效果。王欣等（2016）发现，在任何一项新产品合作开发中，如果合作双方不能有效地实施深度会谈，新产品开发的成功就难以保证。葛秋萍、汪明月（2015）认为，产学研协同创新是在一系列不确定因素下实施的，因而要善于在模糊需求与模糊生产条件下来进行产品风格的设计。Soh 和 Subramanian（2014）认为在产学研合作中，企业方营销人员的职责之一是不断根据未成型的产品方案来预测市场需求，以便为生产计划提供信息，这是并行开发的基本要求。

借鉴以上研究，在本研究中，将产学研协同创新中知识社会化分解为创意思维设计、相互创意启迪、深度设计会谈、综合创意整合、潜在市场预测5个指标，具体内容如表7-7所示。

表7-7 产学研协同创新中知识社会化测度指标

序号	题项	具体内容	文献出处
KS1	创意思维设计	研发人员善于在未成型的设计方案的基础上再进行抽象设计。	Deste P, Patel P（2007）
KS2	相互创意启迪	研发人员善于运用合作中各种设计理念和创意进行相互启发。	Guerzoni M, T（2014）
KS3	深度设计会谈	研发人员可以根据现有的创意进行深度讨论并形成新的创意。	王欣、刘蔚、李款款（2016）
KS4	综合创意整合	研发人员可以根据产品的潜在市场需求和生产条件来规划产品的形态。	葛秋萍、汪明月（2015）
KS5	潜在市场预测	市场人员可以根据潜在的产品性能、风格、款式等来准确地预测市场需求。	Soh P H（2014）

7.3 产学研协同创新绩效测度指标设计

产学研协同创新绩效的测度，可以从不同视角展开，主要考虑参与方的预期利益、合作前景、成本损耗、开发周期、风险缓释等方面。现有研究对产学研协同创新绩效的测评进行了一定探讨，可以为本研究提供借鉴。

唐震、汪洁（2015）提出了产学研合作的动机——期望评价模型，认为产学研合作是以企业对合作的期望为基础的，当合作生成的技术创新成果符合企业的期望时才产生合作效率，因而可以通过期望与实际的比较来评价合作绩效。Neely（2002）认为，创新主体对合作创新所产生的预期可以直接影响到产学研合作的内部协调性，进而影响到深度合作的可能性，因而应纳入绩效评价的范围。周晓阳（2014）认为，产学研协同创新绩效的评价仍然可以按照投入-（过程）-产出系统进行评价，只是在投入、过程、产出的层面应该包含更广泛的内容。Huang和Chen（2016）认为，在实施产学研协同创新绩效评价时，应考虑到风险因素的影响，因为在技术本身与技术转移过程中都存在着一定的风险。刘勇、赵焕焕（2015）认为，产学研合作所开发的新产品各项性能对市场需求的满足性和适应性也是产学研绩效的一个重要衡量标准，如果新产品不能适应市场的需求，即使性能再先进，也不能算成功。

基于以上分析，在本研究中，将产学研协同创新绩效分解为预期目标实现、投入产出优势、开发周期控制、开发风险控制、产品性能优势5个指标，具体内容如表7-8所示。

表7-8 产学研协同创新绩效测度指标

序号	题项	具体内容	文献出处
PE1	预期目标实现	企业、高校或科研机构等合作参与方基本达到了预期的合作目标。	唐震、汪洁（2015）
PE2	投入产出优势	合作项目的投入产出比在同行业的项目合作中处于领先地位。	Neely A（2002）
PE3	开发周期控制	项目的开发周期被控制在预定的范围且在同行业中处于领先。	周晓阳（2014）
PE4	开发风险控制	项目开发中的技术风险、市场风险、生产风险得到了有效控制。	Huang M H（2016）
PE5	产品性能优势	新产品的性能很好地适应了市场需求且在竞争市场中处于领先。	刘勇、赵焕焕（2015）

7.4 问卷设计

根据测度指标设计的内容,经过适当语义转换,转为调查问卷,如附录 1 所示。

在问卷设计初期,先进行内容效度检验。聘请三位企业人员,分别逐条解释对每个题项的理解。如果三位人员的解释基本相同,就说明该题项具有一定内容效度,可以用于样本调查。如果三位人员的解释存在分歧,则对该题项进行修改,直至三位人员的解释取得一致,如此保证问卷具有一定的内容效度。

7.5 测量模型设计及识别

7.5.1 测量模型设计

基于结构方程模型理论,根据测度指标设计的结果,产学研互惠性协同要素的测量模型设计如式 7-1 所示。

$$\begin{bmatrix} ZH1 \\ ZH2 \\ ZH3 \\ ZH4 \\ ZH5 \\ ZH1 \\ ZH2 \\ ZH3 \\ ZH4 \\ ZH5 \\ ZH1 \\ ZH2 \\ ZH3 \\ ZH4 \\ ZH5 \end{bmatrix} = \begin{bmatrix} \Lambda x_{1,1} & 0 & 0 \\ \Lambda x_{2,1} & 0 & 0 \\ \Lambda x_{3,1} & 0 & 0 \\ \Lambda x_{4,1} & 0 & 0 \\ \Lambda x_{5,1} & 0 & 0 \\ 0 & \Lambda x_{6,2} & 0 \\ 0 & \Lambda x_{7,2} & 0 \\ 0 & \Lambda x_{8,2} & 0 \\ 0 & \Lambda x_{9,2} & 0 \\ 0 & \Lambda x_{10,2} & 0 \\ 0 & 0 & \Lambda x_{11,3} \\ 0 & 0 & \Lambda x_{12,3} \\ 0 & 0 & \Lambda x_{13,3} \\ 0 & 0 & \Lambda x_{14,3} \\ 0 & 0 & \Lambda x_{15,3} \end{bmatrix} \begin{bmatrix} ZH \\ TH \\ CH \end{bmatrix} + \begin{bmatrix} \sigma_1 \\ \sigma_2 \\ \sigma_3 \\ \sigma_4 \\ \sigma_5 \\ \sigma_6 \\ \sigma_7 \\ \sigma_8 \\ \sigma_9 \\ \sigma_{10} \\ \sigma_{11} \\ \sigma_{12} \\ \sigma_{13} \\ \sigma_{14} \\ \sigma_{15} \end{bmatrix} \quad (式 7\text{-}1)$$

同样,基于结构方程模型理论,根据测度指标设计的结果,产学研知识转化要素的测量模型设计如式 7-2 所示。

$$\begin{bmatrix} KC1 \\ KC2 \\ KC3 \\ KC4 \\ KC5 \\ KE1 \\ KE2 \\ KE3 \\ KE4 \\ KE5 \\ KI1 \\ KI2 \\ KI3 \\ KI4 \\ KI5 \\ KS1 \\ KS2 \\ KS3 \\ KS4 \\ KS5 \end{bmatrix} = \begin{bmatrix} \Lambda y_{1,1} & 0 & 0 & 0 \\ \Lambda y_{2,1} & 0 & 0 & 0 \\ \Lambda y_{3,1} & 0 & 0 & 0 \\ \Lambda y_{4,1} & 0 & 0 & 0 \\ \Lambda y_{5,1} & 0 & 0 & 0 \\ 0 & \Lambda y_{6,2} & 0 & 0 \\ 0 & \Lambda y_{7,2} & 0 & 0 \\ 0 & \Lambda y_{8,2} & 0 & 0 \\ 0 & \Lambda y_{9,2} & 0 & 0 \\ 0 & \Lambda y_{10,2} & 0 & 0 \\ 0 & 0 & \Lambda y_{11,3} & 0 \\ 0 & 0 & \Lambda y_{12,3} & 0 \\ 0 & 0 & \Lambda y_{13,3} & 0 \\ 0 & 0 & \Lambda y_{14,3} & 0 \\ 0 & 0 & \Lambda y_{15,3} & 0 \\ 0 & 0 & 0 & \Lambda y_{16,4} \\ 0 & 0 & 0 & \Lambda y_{17,4} \\ 0 & 0 & 0 & \Lambda y_{18,4} \\ 0 & 0 & 0 & \Lambda y_{19,4} \\ 0 & 0 & 0 & \Lambda y_{20,4} \end{bmatrix} \begin{bmatrix} KC \\ KE \\ KI \\ KS \end{bmatrix} + \begin{bmatrix} \gamma_1 \\ \gamma_2 \\ \gamma_3 \\ \gamma_4 \\ \gamma_5 \\ \gamma_6 \\ \gamma_7 \\ \gamma_8 \\ \gamma_9 \\ \gamma_{10} \\ \gamma_{11} \\ \gamma_{12} \\ \gamma_{13} \\ \gamma_{14} \\ \gamma_{15} \\ \gamma_{16} \\ \gamma_{17} \\ \gamma_{18} \\ \gamma_{19} \\ \gamma_{20} \end{bmatrix}$$ （式7-2）

7.5.2 测量方程的识别

（1）测量模型的识别准则

对于测量模型，尚不存在具体的充分必要条件对其进行判断，但根据现有的一些必要条件或充分条件的判断标准能够帮助进行模型的识别，具体识别法则如表7-9所示。

表7-9 验证性因子模型的识别法则

识别法则	条件要求	充分或必要条件
t-法则	$t \leqslant p(p+1)/2$ t：模型中自由参数的个数； p：模型中观察指标的个数。	必要条件

续表

识别法则	条件要求	充分或必要条件
三指标法则	（1）每个因子至少3个指标；（2）每个指标只测量一个因子；（3）误差不相关。	充分条件
两指标法则	（1）多于一个因子；（2）每个因子至少2个指标；（3）每个指标只测量一个因子；（4）每个因子都有与之相关的因子；（5）误差不相关。	充分条件

根据 t - 法则的判断标准，尽管无法确保符合 t - 法则的模型都是可识别的，但能够有效地对部分不可识别的模型进行甄别。而通过三指标法则和两指标法则，可以甄别一定数量的可识别的模型。

（2）产学研互惠性协同诸潜变量测量方程的识别判断

t - 法则判断：外源潜变量测量方程中，自由参数包括15个因子负荷，15个误差方差，3个因子相关系数，从而可知 t 值为33。模型中观察指标的数量为15，由此推断 $p(p+1)/2$ 的值为120。显然，$t \leqslant p(p+1)/2$，模型可识别的必要条件成立。

两指标法则判断：（1）模型含有 ZH、TH 和 CH 三个因子；（2）每个因子都包括5个指标；（3）每个指标只测量1个因子；（4）ZH、TH 和 CH 之间具有相关性，即外源变量协方差矩阵为下三角矩阵；（5）外源指标的误差协方差矩阵在验证过程中设置为对角矩阵，所以三者的误差不相关。因此，模型可识别的充分条件成立。

（3）产学研知识转化诸潜变量测量方程的识别判断

t - 法则判断：内生潜变量测量方程中，自由参数包括20个因子负荷，20个误差方差，6个因子相关系数，从而可知 t 值为46。模型中观察指标的数量为20，由此推断 $p(p+1)/2$ 的值为210。显然，$t \leqslant p(p+1)/2$，模型可识别的必要条件成立。

三指标法则判断：（1）模型含有 KC、KE、KI 和 KS 四个因子，且每个因子含有4个指标，即每个因子至少含有两个指标；（2）每个指标只测量一个因子；（3）内生指标的误差协方差矩阵在验证过程中设置为对角矩阵，所以三者的误差不相关。显然，模型可识别的充分条件成立。

7.6 数据调查和样本特征

7.6.1 数据调查

本次数据调查在东部地区和西部地区同时进行,具体操作如下:①为了更为有效凸显我国东西部地区差异,在东部地区选择了上海、江苏、浙江、安徽四个典型的东部省市,在西部地区选择了重庆、四川、云南、贵州四个典型的西部省市。②样本调查分三个阶段进行,第一阶段调查产学研互惠性协同的特征,第二阶段调查知识转化的特征,第三阶段调查创新绩效的特征。三个阶段依次进行,在上一阶段的基础上进行下一阶段的调查。③为了确保样本中互惠性特征的显著性,在第一阶段调查中,就互惠性特征向高校、企业、研究机构等同时调查,通过对各方调查结果的综合,再选择出具有明显互惠行为的样本。在本研究中,产学研协同创新只涉及高校和企业,因而只需获取两方的互惠性样板数据。④由于高校对知识管理或知识转化内涵的理解较为深刻,为了确保内容效度,知识转化问卷对产学研协同创新中的高校一方发放。⑤由于企业在产学研协同创新中处于主导地位,对产学研协同创新绩效的认识较为深刻,因此,产学研协同绩效的问卷向产学研协同创新中的企业一方发放。

本次调查方法主要包括委托调查、电子邮件调查、现场访谈、纸质问卷调查四种。由于受到精力和时间的约束,现场访谈的样本数据较为有限,大部分调查数据以委托调查方式实现。所谓委托调查,就是委托所在地区的咨询公司、校友会、同乡会、同学、亲友协助调查。在电子邮件调查之前,与对方进行了前期沟通,说明了调查目标,再发放电子调查问卷。纸质问卷调查之前,也需要和对方落实之后,再邮寄纸质问卷。

在调查中,数据采集采用李克特 7 点量表的形式。

第一阶段的调查自 2015 年 3 月开始,到 2015 年 11 月结束,历时八个多月。这一阶段,在东西部地区各发放问卷 2000 份,仅涉及组织间互惠性协同、团队间互惠性协同、成员间互惠性协同的 15 项问题,且对产学研协同的双方同时发放,再进行整合。

在东部地区,从高校方回收问卷 1876 份,问卷回收率为 93.8%;从企业方回收问卷 1808 份，问卷回收率为 90.4%。在高校与企业的回收问卷中，选择同一产学研协同项目的问卷组合 1462 份，再过滤出数据质量较好的问卷 973 份。在这里，数据质量较好是指无填答缺失、无填答高度一致，且 15 个题项的累计得分值超过 40 分的问卷。累计得分值达到一定程度，说明该产学研项目存在一定的互惠性特征。对于每份样本而言，15 项互惠性内容的值取自企业和高校的问卷填答值的平均值，再取整。

西部地区样本互惠性特征的取值过程与东部地区相同，最后获取问卷 888 份。

第二阶段的调查自 2016 年 3 月开始，至 2016 年 5 月结束，历时两个月。这一阶段，分别以第一阶段锁定东部地区的 973 份和西部地区的 888 份答卷的作者作为调查对象，且仅对产学研协同中的高校方开展问卷收集，所发放的是针对知识组合化、知识内隐化、知识外显化、知识社会化的 20 项题目问卷。

在东部地区，回收问卷 780 份，回收率是 80.2%。在回收的问卷中，选择数据质量较好、且知识转化特征较为明显的问卷 664 份，作为下一阶段样本调查的对象。

西部地区样本的知识转化特征的调查过程与东部地区相同，获取有效问卷 602 份。

第三阶段的调查自 2016 年 6 月开始，至 2016 年 8 月结束，历时两个月，调查目标是产学研协同创新的绩效。根据第二阶段所锁定的目标，在东部地区发放问卷 664 份，在西部地区发放问卷 602 份。发放对象是产学研协同创新中的企业一方，且仅包括产学研合作绩效的 5 项设问。

在东部地区，回收问卷 587 份，回收率为 88.4%。在回收的问卷中，通过综合分析，排除了重要变量填写缺失和连续性的规律填答等问卷，最终获得有效问卷 400 份，作为东部地区的研究样本。

在西部地区，通过同样的方式，获取 400 份，作为西部地区的样本。

这样，在课题组成员的支持与帮助下，在东西部地区各获取了 400 份样本，共 800 份样本。

在 2016 年 8 月至 9 月份，针对这 800 份样本所对应的企业与高校，对附属问卷进行了统计研究。

7.6.2 样本特征分析

本研究分别从西部和东部地区各获取400份有效样本数据，共800份样本。根据样本的地域分布、行业分布、合作时间、经费支出、参与人员、专利获取等特征，分别对总体样本、东部地区样本、西部地区样本的样本特征进行归纳。

800份样本的总体样本特征如表7-10所示。

表7-10 产学研项目总体样本特征

属性	类别	样本数	比例(%)	属性	类别	样本数	比例(%)
地域分布	江苏	248	31	行业分布	电子	80	10
	浙江	200	25		机械	104	12
	上海	200	25		冶炼	56	7
	安徽	152	19		采矿	64	8
	四川	88	11		生物	80	10
	云南	80	10		制药	72	9
	贵州	112	14		汽车	112	14
	重庆	120	15		建筑	88	11
合作时间分布	<0.5年	168	21		农业	88	11
	0.5~1年	144	18		材料	56	7
	1~1.5年	144	18	合作经费支出分布	<30万元	128	16
	1.5~2年	96	12		30万~60万元	156	19.5
	2~2.5年	80	10		60万~90万元	140	17.5
	2.5~3年	88	11		90万~120万元	120	15
	3~3.5年	56	7		120万~150万元	104	12
	>3.5年	24	3		150万~180万元	88	11
双方技术人员参与人数分布	<5人	88	11		>180万元	32	8
	6~10人	120	15	获取专利数量分布	0个	328	41
	11~15人	160	20		1个	152	19
	16~20人	152	19		2个	128	16
	21~25人	120	15		3个	48	12
	26~30人	96	12		4个	64	8
	>30人	64	8		≥5个	16	4

东部地区 400 份样本的样本特征如表 7-11 所示。

表 7-11　产学研项目东部地区样本特征

属　性	类　别	样本数	比例（%）	属　性	类　别	样本数	比例（%）
地域分布	江苏	248	62	行业分布	电子	48	12
	浙江	200	50		机械	56	14
	上海	200	50		冶炼	32	8
	安徽	152	38		采矿	40	10
	四川	-	-		生物	32	8
	云南	-	-		制药	24	6
	贵州	-	-		汽车	48	12
	重庆	-	-		建筑	56	14
合作时间分布	<0.5 年	80	20		农业	40	10
	0.5~1 年	64	16		材料	24	6
	1~1.5 年	64	16	合作经费支出分布	<30 万元	40	10
	1.5~2 年	56	14		30 万~60 万元	84	21
	2~2.5 年	48	12		60 万~90 万元	76	19
	2.5~3 年	48	12		90 万~120 万元	64	16
	3~3.5 年	32	8		120 万~150 万元	56	14
	>3.5 年	8	2		150 万~180 万元	48	12
双方技术人员参与人数分布	<5 人	48	12		>180 万元	32	8
	6~10 人	72	18	获取专利数量分布	0 个	152	38
	11~15 人	80	20		1 个	88	22
	16~20 人	64	16		2 个	72	18
	21~25 人	56	14		3 个	48	12
	26~30 人	48	12		4 个	24	6
	>30 人	32	8		≥5 个	16	4

西部地区400份样本的样本特征如表7-12所示。

表7-12 产学研项目西部地区样本特征

属 性	类 别	样本数	比例（%）	属 性	类 别	样本数	比例（%）
地域分布	江苏	-	-	行业分布	电子	32	8
	浙江	-	-		机械	48	12
	上海	-	-		冶炼	24	6
	安徽	-	-		采矿	24	6
	四川	88	22		生物	48	12
	云南	80	20		制药	48	12
	贵州	112	28		汽车	64	16
	重庆	120	30		建筑	32	8
合作时间分布	<0.5年	88	22		农业	48	12
	0.5～1年	80	20		材料	32	8
	1～1.5年	80	20	合作经费支出分布	<30万元	88	22
	1.5～2年	40	10		30万～60万元	72	18
	2～2.5年	32	8		60万～90万元	64	16
	2.5～3年	40	10		90万～120万元	56	14
	3～3.5年	24	6		120万～150万元	48	12
	>3.5年	16	4		150万～180万元	40	10
双方人员参与人数分布	<5人	40	10		>180万元	32	8
	6～10人	48	12	获取专利数量分布	0个	176	44
	11～15人	80	20		1个	64	16
	16～20人	88	22		2个	56	14
	21～25人	64	16		3个	48	12
	26～30人	48	12		4个	40	10
	>30人	32	8		≥5个	16	4

7.7 信度检验

信度是指测量结果的准确程度或可信程度，是反映测量稳定性与可靠性的一种指标。信度系数是判读变量测量可信程度的统计标准，取值范围处于0与1之间。信度检验结果的一致性或稳定性。信度值是指在某一特定类型下的一致性。根据在实施测试时实施时间的不同，针对受测者和邀请的评分者的差异，信度系数往往是不同的。信度与测量所得结果正确与否无关，它的主要作用只是用来判断测量的结果是否具有可靠性。

探索性因子分析是信度检验的常用方法，克拉巴哈（Cronbach）α系数是用于衡量量表内部一致性的统计指标，其值越大，表明信度越高。一般而言，如果该值大于0.9，则表明量表的拥有较高的内部一致性；如果该系数值大于0.7小于0.8，则认为量表的内部一致性在可接受的范围，量表具有一定的应用价值；如果该系数小于0.7，则认为该量表的内部一致性不符合要求，量表需要重新设计。

在本研究中，信度检验包括互惠性协同、知识转化、产学研协同创新绩效三个要素的信度检验。对于每一个要素，分别以总体样本、东部地区样本、西部地区样本为样本总体进行信度检验。

7.7.1 互惠性协同信度检验

互惠性协同信度检验包括总体样本、东部样本、西部样本互惠性协同检验三种方式按照探索性因子分析的方法展开。

在进行因子分析前，我们首先需要判断被测变量是否适合进行因子分析。通常采用KMO（Kaiser–Meyer–Olkin）检验作为判断标准。Kaiser（1974）提出，当KMO的值大于0.9时，非常适合进行因子分析；当KMO介于0.8与0.9之间时，很适合进行因子分析；介于0.7与0.8之间时，适合进行因子分析；介于0.6与0.7之间时，尚可以进行因子分析；当KMO的值在0.5以下时应该放弃。

本文根据总体样本数据、东部样本数据和西部样本数据，通过SPSS20.0对产学研互惠性协同创新量表数据进行KMO检验和Bartlett检验，结果如表7-13所示。

表7-13 互惠性协同测度量表KMO检验和Bartlett检验表

指标值		总体样本	东部地区样本	西部地区样本
Kaiser–Merer–Olkin 值		0.83	0.85	0.86
Bartlett 球形检验	近似卡方值	287.87	301.98	259.29
	自由度	105	105	105
	显著性	0.000	0.00	0.00

根据KMO检验和Bartlett球形检验的结果可知,产学研互惠性协同总体样本、东部样本、西部样本的量表数据适合实施因子分析。

（1）基于总体样本的互惠性协同信度检验

基于800份总体样本数据,借助于SPSS20.0软件,对产学研互惠性协同量表数据进行探索性因子分析,分析结果如表7-14所示。

表7-14 基于总体样本的互惠性协同测度体系信度检验

指标名称	组织间互惠 ZH	团队间互惠 TH	成员间互惠 CH
规划协同互惠 ZH1	0.24	0.27	8.91
资源配置互惠 ZH2	0.80	0.3189	0.38
制度设计互惠 ZH3	0.77	0.0000	0.10
人才配置互惠 ZH4	0.70	2.18E−2	0.00
设备投入互惠 ZH5	0.76	0.4317	0.29
研发互惠协同 TH1	0.13	0.7176	0.37
研发辅助互惠 TH2	0.00	0.8561	0.29
专用投资互惠 TH3	0.39	0.7867	3.17
团队文化互惠 TH4	0.45	0.8080	0.33
方案调整互惠 TH5	0.11	0.7265	0.33
信息共享互惠 CH1	3.14	0.2378	0.80
创意整合互惠 CH2	0.18	0.0000	0.78
信任情感互惠 CH3	0.39	0.3128	0.85
声誉分配互惠 CH4	7.19	0.4761	0.82
行为适度互惠 CH5	0.27	0.3062	0.77
Cronbach's α	0.76	0.7963	0.84
解释方差（%）	20.32	19.438	22.15
累计方差（%）	20.32	39.755	61.90

根据探索性因子分析的结果可知,指标ZH1在三个子要素上的因子负荷均低于0.5,应予删除。基于总体样本,余下指标所组成的互惠性协同测度量表表现出较好的内部一致性。

（2）基于东部样本的互惠性协同信度检验

基于400份东部样本数据，通过SPSS20.0对产学研互惠性协同量表进行探索性因子分析，结果如表7-15所示。

表7-15　基于东部样本的互惠性协同测度体系信度检验

指标名称	组织间互惠 ZH	团队间互惠 TH	成员间互惠 CH
规划协同互惠 ZH1	0.26	0.38	7.13
资源配置互惠 ZH2	0.82	0.00	0.48
制度设计互惠 ZH3	0.74	0.27	0.43
人才配置互惠 ZH4	0.72	0.11	0.12
设备投入互惠 ZH5	0.77	0.20	0.34
研发互惠协同 TH1	6.66	0.88	4.85
研发辅助互惠 TH2	0.00	0.73	0.20
专用投资互惠 TH3	0.22	0.74	0.00
团队文化互惠 TH4	8.89	0.81	0.19
方案调整互惠 TH5	0.19	0.70	0.21
信息共享互惠 CH1	0.36	0.18	0.77
创意整合互惠 CH2	0.00	0.27	0.79
信任情感互惠 CH3	0.15	3.78	0.83
声誉分配互惠 CH4	0.11	0.00	0.80
行为适度互惠 CH5	0.35	0.27	0.76
Cronbach's α	0.71	0.72	0.79
解释方差（%）	22.24	18.15	18.36
累计方差（%）	22.24	40.39	58.74

根据探索性因子分析的结果可知，指标ZH1在三个子要素上的因子负荷均低于0.5，应予删除。基于东部地区样本，余下指标所组成的互惠性协同测度量表表现出较好的内部一致性。

（3）基于西部样本的互惠性协同信度检验

基于400份西部样本数据，通过SPSS20.0对产学研互惠性协同量表进行探索性因子分析，结果如表7-16所示。

表 7-16　基于西部样本的互惠性协同测度体系信度检验

指标名称	组织间互惠 ZH	团队间互惠 TH	成员间互惠 CH
规划协同互惠 ZH1	0.23	0.28	0.12
资源配置互惠 ZH2	0.77	0.00	0.37
制度设计互惠 ZH3	0.79	0.34	0.00
人才配置互惠 ZH4	0.78	0.42	0.29
设备投入互惠 ZH5	0.73	0.11	0.24
研发互惠协同 TH1	6.66	0.72	0.15
研发辅助互惠 TH2	0.37	0.78	0.38
专用投资互惠 TH3	0.12	0.76	8.90
团队文化互惠 TH4	7.77	0.86	0.23
方案调整互惠 TH5	0.27	0.76	0.12
信息共享互惠 CH1	0.31	0.14	0.76
创意整合互惠 CH2	0.26	9.01	0.71
信任情感互惠 CH3	0.00	0.00	0.84
声誉分配互惠 CH4	0.16	0.27	0.77
行为适度互惠 CH5	0.39	0.31	0.73
Cronbach's α	0.79	0.71	0.71
解释方差（%）	24.13	20.28	22.20
累计方差（%）	24.13	44.41	66.60

根据探索性因子分析的结果可知，指标 ZH1 在三个子要素上的因子负荷均低于 0.5，应予删除。基于西部地区样本，余下指标所组成的互惠性协同测度量表具有较好的信度。

7.7.2　知识转化信度检验

知识转化信度检验包括总体样本、东部样本、西部样本的知识转化量表数据的信度检验，采用的方法是探索性因子分析。

在因子分析之前，同样需要对量表数据进行 KMO 检验和 Bartlett 检验。基于总体样本数据、东部样本数据与西部样本数据，通过 SPSS20.0 对知识转化量表数据进行 KMO 检验和 Bartlett 检验，结果如表 7-17 所示。

表7-17　知识转化测度量表KMO检验和Bartlett检验表

指标值		总体样本	东部地区样本	西部地区样本
Kaiser-Merer-Olkin 值		0.92	0.88	0.82
Bartlett 球形检验	近似卡方值	308.28	296.52	303.70
	自由度	190	190	190
	显著性	0.000	0.00	0.000

根据KMO检验和Bartlett球形检验的结果可知，知识转化总体样本、东部样本、西部样本的量表数据适合实施因子分析。

（1）基于总体样本的知识转化信度检验

基于800份总体样本数据，通过SPSS20.0对产学研知识转化量表数据进行探索性因子分析，结果如表7-18所示。

表7-18　基于总体样本的知识转化测度体系信度检验

指标名称	知识组合化 KC	知识外显化 KE	知识内隐化 KI	知识社会化 KS
成员知识组合 KC1	0.84	0.33	0.23	7.11
技术团队组合 KC2	0.79	0.00	3.89	0.24
知识组合规划 KC3	0.77	0.28	0.23	0.32
技术市场组合 KC4	0.76	0.20	0.00	0.36
资料过滤组合 KC5	0.73	0.38	0.31	0.12
成员思维外显 KE1	8.17	0.81	0.31	3.44
成员设计激励 KE2	0.00	0.78	4.18	0.23
团队思维外显 KE3	0.22	0.79	0.34	0.32
合理市场预测 KE4	0.37	0.83	0.14	8.19
隐性技能借鉴 KE5	0.21	0.76	0.23	0.19
外部知识学习 KI1	0.00	0.39	0.76	0.24
内部技术汲取 KI2	0.11	0.18	0.82	0.46
深度设计升级 KI3	3.66	0.00	0.83	0.00
市场信息吸收 KI4	0.39	0.27	0.73	0.39
生产信息吸收 KI5	0.20	0.19	0.76	0.29
创意思维设计 KS1	0.22	0.19	0.21	0.76

续表

指标名称	知识组合化 KC	知识外显化 KE	知识内隐化 KI	知识社会化 KS
相互创意启迪 KS2	0.18	4.54	0.00	0.72
深度设计会谈 KS3	5.55	0.21	0.33	0.28
综合创意整合 KS4	0.23	0.15	6.67	0.82
潜在市场预测 KS5	0.15	0.37	0.29	0.71
Cronbach's α	0.73	0.74	0.80	0.78
解释方差（%）	15.13	18.27	19.33	20.11
累计方差（%）	15.13	33.40	52.73	72.84

根据探索性因子分析的结果可知，指标 KS3 在四个子要素上的因子负荷均低于 0.5，应予删除。基于总体样本，余下指标所组成的知识转化测度量表具有较好的信度。

（2）基于东部样本的知识转化信度检验

基于 400 份东部样本数据，通过 SPSS20.0 对产学研知识转化量表数据进行探索性因子分析，结果如表 7-19 所示。

表 7-19　基于东部样本的知识转化测度体系信度检验

指标名称	知识组合化 KC	知识外显化 KE	知识内隐化 KI	知识社会化 KS
成员知识组合 KC1	0.79	8.89	0.33	0.00
技术团队组合 KC2	0.73	0.27	0.13	0.34
知识组合规划 KC3	0.700	0.00	0.28	8.08
技术市场组合 KC4	0.85	0.45	0.00	0.24
资料过滤组合 KC5	0.73	0.39	0.20	0.33
成员思维外显 KE1	0.00	0.80	0.18	0.00
成员设计激励 KE2	7.71	0.74	0.39	0.16
团队思维外显 KE3	0.18	0.82	0.00	0.29
合理市场预测 KE4	0.39	0.75	0.43	2.99
隐性技能借鉴 KE5	0.21	0.73	0.10	0.33
外部知识学习 KI1	0.31	0.30	0.81	0.12

续表

指标名称	知识组合化 KC	知识外显化 KE	知识内隐化 KI	知识社会化 KS
内部技术汲取 KI2	0.00	0.40	0.75	0.39
深度设计升级 KI3	0.18	0.00	0.72	0.00
市场信息吸收 KI4	5.55	0.28	0.80	0.43
生产信息吸收 KI5	0.19	0.39	0.77	0.28
创意思维设计 KS1	0.11	0.42	0.39	0.76
相互创意启迪 KS2	0.00	0.28	0.24	0.70
深度设计会谈 KS3	0.28	4.43	3.76	0.25
综合创意整合 KS4	6.86	0.15	0.23	0.76
潜在市场预测 KS5	0.20	0.36	0.18	0.80
Cronbach's α	0.79	0.77	0.71	0.71
解释方差（%）	18.11	19.01	18.2	21.99
累计方差（%）	18.11	37.12	55.37	77.36

根据探索性因子分析的结果可知，指标 KS3 在四个子要素上的因子负荷均低于 0.5，应予删除。基于东部地区样本，余下指标所组成的知识转化测度量表具有较好的信度。

（3）基于西部样本的知识转化信度检验

基于 400 份西部样本数据，通过 SPSS20.0 对产学研知识转化量表数据进行探索性因子分析，结果如表 7-20 所示。

表 7-20　基于西部样本的知识转化测度体系信度检验

指标名称	知识组合化 KC	知识外显化 KE	知识内隐化 KI	知识社会化 KS
成员知识组合 KC1	0.78	0.23	0.00	0.33
技术团队组合 KC2	0.76	3.68	0.177	0.14
知识组合规划 KC3	0.83	0.28	0.25	0.00
技术市场组合 KC4	0.75	0.00	8.17	0.42
资料过滤组合 KC5	0.74	0.19	0.44	0.19

续表

指标名称	知识组合化 KC	知识外显化 KE	知识内隐化 KI	知识社会化 KS
成员思维外显 KE1	6.66	0.70	0.34	0.29
成员设计激励 KE2	0.17	0.74	0.23	7.77
团队思维外显 KE3	0.35	0.71	0.00	0.15
合理市场预测 KE4	3.17	0.82	0.44	0.29
隐性技能借鉴 KE5	0.18	0.78	0.28	0.36
外部知识学习 KI1	0.30	0.40	0.85	0.00
内部技术汲取 KI2	0.18	0.00	0.83	0.35
深度设计升级 KI3	0.00	0.26	0.77	6.65
市场信息吸收 KI4	0.29	0.18	0.71	0.11
生产信息吸收 KI5	0.31	0.28	0.73	0.30
创意思维设计 KS1	4.45	0.48	4.44	0.77
相互创意启迪 KS2	0.34	0.00	0.27	0.74
深度设计会谈 KS3	0.27	0.23	0.32	0.22
综合创意整合 KS4	0.19	3.66	0.00	0.84
潜在市场预测 KS5	0.42	0.11	0.28	0.73
Cronbach's α	0.78	0.79	0.72	0.72
解释方差（%）	17.17	19.36	23.48	16.34
累计方差（%）	17.17	36.53	60.01	76.35

根据探索性因子分析的结果可知，指标 KS3 在四个子要素上的因子负荷均低于 0.5，应予删除。基于西部地区样本，余下指标所组成的知识转化测度量表具有较好的信度。

7.7.3 创新绩效信度检验

创新绩效的信度检验包括总体样本、东部样本、西部样本创新绩效量表数据的信度检验，在本研究中采用探索性因子分析方法。

在因子分析之前，同样需要对量表数据进行 KMO 检验和 Bartlett 检验。基于总体样本数据、东部样本数据与西部样本数据，通过 SPSS20.0 对产学研创新绩效量表数据分别进行 KMO 检验和 Bartlett 检验，结果如表 7-21 所示。

表 7-21　创新绩效测度量表 KMO 检验和 Bartlett 检验表

指标值		总体样本	东部地区样本	西部地区样本
Kaiser-Merer-Olkin 值		0.89	0.91	0.86
Bartlett 球形检验	近似卡方值	238.20	378.71	198.46
	自由度	10	10	10
	显著性	0.000	0.000	0.000

根据 KMO 检验和 Bartlett 球形检验的结果可知，创新绩效在总体样本、东部样本、西部样本的量表数据适合实施因子分析。

（1）基于总体样本的创新绩效信度检验

基于 800 份总体样本数据，借助于 SPSS20.0 软件，对产学研创新绩效量表数据进行探索性因子分析，分析结果如表 7-22 所示。

表 7-22　基于总体样本的创新绩效测度体系信度检验

要素结构	因子负荷值	Cronbach's α 值	解释方差（%）或累计方程（%）
预期目标实现 PE1	0.72	0.79	55.55
投入产出优势 PE2	0.77		
开发周期控制 PE3	0.82		
开发风险控制 PE4	0.70		
产品性能优势 PE5	0.78		

根据探索性因子分析的结果可知，基于总体样本的产学研创新绩效测度量表具有较好的信度。

（2）基于东部样本的创新绩效信度检验

基于 400 份东部样本数据，借助于 SPSS20.0 软件，对产学研创新绩效量表数据进行探索性因子分析，分析结果如表 7-23 所示。

表 7-23　基于东部样本的创新绩效测度体系信度检验

要素结构	因子负荷值	Cronbach's α 值	解释方差（%）或累计方程（%）
预期目标实现 PE1	0.77	0.83	61.38
投入产出优势 PE2	0.72		
开发周期控制 PE3	0.79		
开发风险控制 PE4	0.84		
产品性能优势 PE5	0.82		

根据探索性因子分析的结果可知，基于东部地区样本的产学研创新绩效测度量表具有较好的信度。

（3）基于西部样本的创新绩效信度检验

基于 400 份西部样本数据，借助于 SPSS20.0 软件，对产学研创新绩效量表数据进行探索性因子分析，分析结果如表 7-24 所示。

表 7-24　基于西部样本的创新绩效测度体系信度检验

要素结构	因子负荷值	Cronbach's α 值	解释方差（%）或累计方程（%）
预期目标实现 PE1	0.84	0.78	58.29
投入产出优势 PE2	0.76		
开发周期控制 PE3	0.77		
开发风险控制 PE4	0.84		
产品性能优势 PE5	0.70		

根据探索性因子分析的结果可知，基于西部地区样本的产学研创新绩效测度量表具有较好的信度。

7.8　效度检验

问卷的效度（Validity）是指问卷测量结果的有效性或者正确性，即一个问卷能够测量出测量者所要测量的概念或特征的程度。信度用来度量问卷的测量结果是否具有一致的可靠性水平，但无法判断测量量表是否能够测量出需要测量的内容，这就需要进行效度检验。效度是根据测量量表来检验测量结果的有效性。信度主要检验随机误差的干扰，效度则考察了在测量过程中与测量目的无关的因素所导致的系统误差。就问卷调查而言，效度是先决条件，信度是效度的必要条件。高质量的问卷其内部一致性较好，但内部一致性较好的问卷未必具有良好的效度。

在实证分析中，一般采用验证性因子分析对效度进行检验，主要是期望发现具有相似概念的不同题项能否和理论阐述一致而归类到共同的公共因子中。而因子负荷指标则表明了题项对因子的影响程度，因子载荷越大，说明与该题项对因子的影响越大。

在本研究中，效度检验包括产学研互惠性协同、知识转化、创新绩效三个要素的效度检验。对于每一个要素，分别对总体样本、东部地区样本、西部地区样本进行效度检验。

7.8.1 互惠性协同效度检验

互惠性协同效度检验包括总体样本、东部样本、西部样本互惠性协同量表数据效度检验三个部分，所采用的方法是验证性因子分析。

（1）基于总体样本的互惠性协同效度检验

基于800份总体样本数据，借助于SPSS20.0软件和LISREL8.7软件，对互惠性协同量表数据进行验证性因子分析分析，分析结果如表7-25所示。在验证性因子分析之前，不再考虑指标ZH1的作用。

表7-25 基于总体样本的互惠性协同测度体系效度检验

指　　标	组织间互惠协同（ZH）	团队间互惠协同（TH）	成员间互惠协同（CH）	标准差（SE）	T值
规划协同互惠 ZH1					
资源配置互惠 ZH2	0.43			0.12	3.71
制度设计互惠 ZH3	0.28			0.08	3.50
人才配置互惠 ZH4	0.36			0.09	4.00
设备投入互惠 ZH5	0.27			0.09	3.00

续表

指　　标	组织间互惠协同（ZH）	团队间互惠协同（TH）	成员间互惠协同（CH）	标准差（SE）	T值
研发互惠协同 TH1		0.33		0.08	4.13
研发辅助互惠 TH2		0.56		0.13	4.31
专用投资互惠 TH3		0.17		0.11	1.46
团队文化互惠 TH4		0.29		0.08	3.59
方案调整互惠 TH5		0.28		0.07	4.00
信息共享互惠 CH1			0.31	0.09	3.46
创意整合互惠 CH2			0.10	0.08	1.25
信任情感互惠 CH3			0.29	0.07	4.14
声誉分配互惠 CH4			0.46	0.13	3.55
行为适度互惠 CH5			0.26	0.07	2.78
相关系数（Φ）	ZH	TH	CH	最小T值	
组织间互惠（ZH）	1.00				
团队间互惠（TH）	0.13	1.00		1.81	
成员间互惠（CH）	0.19	0.22	1.00	1.38	

根据验证性因子分析的结果可知，指标 TH3、CH2 没有通过检验，应该予以剔除。基于总体样本的视角，保留指标所组成的互惠性协同测度量表具有较好的效度。同时，根据相关系数列表可知，组织间互惠性协同、团队间互惠性协同、成员间互惠性协同三个子要素之间的相关系数较低，且缺乏显著性，因此，基于总体样本，三个子要素之间存在着较高的独立性。

（2）基于东部样本的互惠性协同效度检验

基于 400 份东部样本数据，借助于 SPSS20.0 软件和 LISREL8.7 软件，对互惠性协同量表数据进行验证性因子分析分析，分析结果如表 7-26 所示。在验证性因子分析之前，不再考虑指标 ZH1 的作用。

表 7-26 基于东部样本的互惠性协同测度体系效度检验

指　　标	组织间互惠协同 (ZH)	团队间互惠协同 (TH)	成员间互惠协同 (CH)	标准差 (SE)	T 值
规划协同互惠 ZH1					
资源配置互惠 ZH2	0.35			0.10	3.50
制度设计互惠 ZH3	0.27			0.09	3.00
人才配置互惠 ZH4	0.43			0.12	3.63
设备投入互惠 ZH5	0.28			0.07	4.00
研发互惠协同 TH1		0.29		0.08	3.59
研发辅助互惠 TH2		0.38		0.13	2.89
专用投资互惠 TH3		0.24		0.08	3.00
团队文化互惠 TH4		0.42		0.12	3.50
方案调整互惠 TH5		0.30		0.08	3.75
信息共享互惠 CH1			0.26	0.07	2.92
创意整合互惠 CH2			0.14	0.09	1.71
信任情感互惠 CH3			0.59	0.14	4.17
声誉分配互惠 CH4			0.30	0.10	3.00
行为适度互惠 CH5			0.29	0.09	3.28
相关系数（Φ）	ZH	TH	CH	最小 T 值	
组织间互惠（ZH）	1.00				
团队间互惠（TH）	0.18	1.00		1.43	
成员间互惠（CH）	0.21	0.07	1.00	1.90	

根据验证性因子分析的结果可知，指标 CH2 没有通过检验，应予剔除。基于东部地区的样本，保留指标所组成的互惠性协同测度量表具有较好的效度。同时，根据相关系数列表可知，组织间互惠性协同、团队间互惠性协同、成员间互惠性协同三个子要素之间的相关系数较低，且缺乏显著性，因此，基于东部样本，三个子要素之间存在着较高的独立性。

（3）基于西部样本的互惠性协同效度检验

基于 400 份西部样本数据，借助于 SPSS20.0 软件和 LISREL8.7 软件，对互惠性协同量表数据进行验证性因子分析分析，分析结果如表7-27所示。在验证性因子分析之前，不再考虑指标ZH1的作用。

表7-27 基于西部样本的互惠性协同测度体系效度检验

指　　标	组织间互惠协同（ZH）	团队间互惠协同（TH）	成员间互惠协同（CH）	标准差（SE）	T值
规划协同互惠 ZH1					
资源配置互惠 ZH2	0.37			0.11	3.36
制度设计互惠 ZH3	0.28			0.07	4.00
人才配置互惠 ZH4	0.52			0.13	4.00
设备投入互惠 ZH5	0.30			0.08	3.75
研发互惠协同 TH1		0.29		0.09	3.27
研发辅助互惠 TH2		0.18		0.12	1.50
专用投资互惠 TH3		0.10		0.08	1.25
团队文化互惠 TH4		0.47		0.12	3.91
方案调整互惠 TH5		0.39		0.13	3.00
信息共享互惠 CH1			0.43	0.12	3.62
创意整合互惠 CH2			0.12	0.08	1.50
信任情感互惠 CH3			0.33	0.11	3.00
声誉分配互惠 CH4			0.29	0.10	2.90
行为适度互惠 CH5			0.34	0.11	3.08
相关系数（Φ）	ZH	TH	CH	最小T值	
组织间互惠（ZH）	1.00				
团队间互惠（TH）	0.20	1.00		1.11	
成员间互惠（CH）	0.11	0.08	1.00	1.46	

根据验证性因子分析的结果可知，指标TH2、TH3、CH2均没有通过检验，应予剔除。基于西部地区的样本，保留指标所组成的互惠性协同测度量表具有较好的效度。同时，根据相关系数列表可知，组织间互惠性协同、团队间互惠性协同、成员间互惠性协同三个子要素之间的相关系数较低，且缺乏显著性，因此，基于西部样本，三个子要素之间存在着较高的独立性。

7.8.2 知识转化效度检验

知识转化效度检验包括总体样本、东部样本、西部样本知识转化量表数据效度检验三个部分，所采用的方法是验证性因子分析。

（1）基于总体样本的知识转化效度检验

基于800份总体样本数据，通过SPSS20.0和LISREL8.7对知识转化量表数据进行验证性因子分析分析，结果如表7-28所示。在进行效度检验之前，不再考虑指标KS3的作用。

表7-28 基于总体样本的知识转化测度体系效度检验

指标	知识组合化（KC）	知识外显化（KE）	知识内隐化（KI）	知识社会化（KS）	标准差（SE）	T值
成员知识组合 KC1	0.36				0.12	3.00
技术团队组合 KC2	0.29				0.10	2.90
知识组合规划 KC3	0.45				0.11	4.08
技术市场组合 KC4	0.39				0.13	3.00
资料过滤组合 KC5	0.28				0.07	4.00
成员思维外显 KE1		0.38			0.09	4.26
成员设计激励 KE2		0.48			0.12	4.00
团队思维外显 KE3		0.44			0.11	4.00
合理市场预测 KE4		0.37			0.09	4.14
隐性技能借鉴 KE5		0.37			0.10	3.70
外部知识学习 KI1			0.26		0.08	3.25
内部技术汲取 KI2			0.30		0.10	3.00
深度设计升级 KI3			0.40		0.12	3.34
市场信息吸收 KI4			0.26		0.07	3.78
生产信息吸收 KI5			0.42		0.14	3.00
创意思维设计 KS1				0.29	0.08	3.71
相互创意启迪 KS2				0.37	0.13	2.84
深度设计会谈 KS3						

续表

指　标	知识组合化（KC）	知识外显化（KE）	知识内隐化（KI）	知识社会化（KS）	标准差（SE）	T值
综合创意整合 KS4				0.50	0.13	3.82
潜在市场预测 KS5				0.27	0.08	3.43
相关系数（Φ）	KC	KE	KI	KS	最小T值	
知识组合化（KC）	1.00					
知识外显化（KE）	0.21	1.00			2.12	
知识内隐化（KI）	0.19	0.17	1.00		1.27	
知识社会化（KS）	0.10	0.26	0.10	1.00	1.08	

根据验证性因子分析的结果可知，基于总体样本，保留指标所组成的知识转化测度量表具有较好的效度。同时，根据相关系数矩阵可知，基于总体样本，知识组合化、知识外显化、知识内隐化、知识社会化四个子要素之间相关系数普遍较低，因而具有较高的独立性。

（2）基于东部样本的知识转化效度检验

基于400份东部样本数据，通过SPSS20.0和LISREL8.7对知识转化量表数据进行验证性因子分析分析，结果如表7-29所示。在进行效度检验之前，不再考虑指标KS3的作用。

表7-29　基于东部样本的知识转化测度体系效度检验

指　标	知识组合化（KC）	知识外显化（KE）	知识内隐化（KI）	知识社会化（KS）	标准差（SE）	T值
成员知识组合 KC1	0.45				0.12	3.75
技术团队组合 KC2	0.41				0.11	3.71
知识组合规划 KC3	0.33				0.11	3.00
技术市场组合 KC4	0.28				0.08	3.50
资料过滤组合 KC5	0.30				0.08	3.75
成员思维外显 KE1		0.31			0.07	4.38
成员设计激励 KE2		0.26			0.08	3.25

续表

指　标	知识组合化（KC）	知识外显化（KE）	知识内隐化（KI）	知识社会化（KS）	标准差（SE）	T值
团队思维外显 KE3		0.40			0.10	4.00
合理市场预测 KE4		0.35			0.10	3.50
隐性技能借鉴 KE5		0.46			0.14	3.28
外部知识学习 KI1			0.42		0.13	3.21
内部技术汲取 KI2			0.27		0.09	3.00
深度设计升级 KI3			0.36		0.11	3.26
市场信息吸收 KI4			0.28		0.10	2.80
生产信息吸收 KI5			0.37		0.11	3.32
创意思维设计 KS1				0.25	0.08	3.13
相互创意启迪 KS2				0.33	0.13	2.57
深度设计会谈 KS3						
综合创意整合 KS4				0.29	0.09	3.23
潜在市场预测 KS5				0.30	0.10	3.00
相关系数（Φ）	KC	KE	KI	KS	最小T值	
知识组合化（KC）	1.00					
知识外显化（KE）	0.17	1.00			1.88	
知识内隐化（KI）	0.20	0.27	1.00		2.10	
知识社会化（KS）	0.12	0.28	0.12	1.00	1.46	

根据验证性因子分析的结果可知，基于东部地区的样本，保留指标所组成的知识转化测度量表具有较好的效度。同时，通过相关系数矩阵可知，在东部样本中，知识组合化、知识外显化、知识内隐化、知识社会化四个子要素之间相关系数普遍较低，因而具有较高的独立性。

（3）基于西部样本的知识转化效度检验

基于400份西部样本数据，通过SPSS20.0和LISREL8.7对知识转化量表数据进行验证性因子分析分析，结果如表7-30所示。在进行效度检验之前，不再考虑指标KS3的作用。

表 7-30 基于西部样本的知识转化测度体系效度检验

指　　标	知识组合化 (KC)	知识外显化 (KE)	知识内隐化 (KI)	知识社会化 (KS)	标准差 (SE)	T 值
成员知识组合 KC1	0.37				0.11	3.36
技术团队组合 KC2	0.35				0.12	2.92
知识组合规划 KC3	0.44				0.13	3.32
技术市场组合 KC4	0.28				0.07	4.00
资料过滤组合 KC5	0.39				0.11	3.54
成员思维外显 KE1		0.30			0.09	3.33
成员设计激励 KE2		0.48			0.12	4.00
团队思维外显 KE3		0.38			0.13	2.93
合理市场预测 KE4		0.56			0.14	4.00
隐性技能借鉴 KE5		0.42			0.14	3.00
外部知识学习 KI1			0.24		0.08	3.00
内部技术汲取 KI2			0.34		0.07	4.82
深度设计升级 KI3			0.26		0.08	3.25
市场信息吸收 KI4			0.13		0.10	1.30
生产信息吸收 KI5			0.14		0.08	1.75
创意思维设计 KS1				0.46	0.13	3.55
相互创意启迪 KS2				0.28	0.09	3.16
深度设计会谈 KS3				0.40	0.11	3.66
综合创意整合 KS4				0.52	0.14	3.73
潜在市场预测 KS5				0.40	0.10	4.00
相关系数（Φ）	KC	KE	KI	KS	最小 T 值	
知识组合化（KC）	1.00					
知识外显化（KE）	0.33	1.00			4.27	
知识内隐化（KI）	0.07	0.07	1.00		1.82	
知识社会化（KS）	0.15	0.16	0.13	1.00	1.39	

根据验证性因子分析的结果可知，指标 KI4、KI5 没有通过检验，应予删除。基于西部地区的样本，保留指标所组成的知识转化测度量表具有较好的效度。同

时，通过相关系数矩阵可知，在西部样本中，知识组合化、知识外显化、知识内隐化、知识社会化四个子要素之间相关系数普遍较低，因而具有较高的独立性。

7.8.3 创新绩效效度检验

创新绩效效度检验包括总体样本、东部样本、西部样本创新绩效量表数据的效度检验，所采用的方法是验证性因子分析。

（1）总体样本创新绩效测度体系效度检验

基于800份总体样本数据，通过SPSS20.0和LISREL8.7对产学研创新绩效量表数据进行验证性因子分析分析，结果如表7-31所示。

表7-31 总体样本创新绩效验证性因子分析

要素结构	因子负荷	标准差（SE）	T值
预期目标实现 PE1	0.38	0.10	3.80
投入产出优势 PE2	0.29	0.08	3.58
开发周期控制 PE3	0.36	0.12	3.00
开发风险控制 PE4	0.44	0.12	3.67
产品性能优势 PE5	0.40	0.13	3.07

根据验证性因子分析的结果可知，基于总体样本的产学研协同创新绩效测度量表具有较好的效度。

（2）东部样本创新绩效测度体系效度检验

基于400份东部样本数据，通过SPSS20.0和LISREL8.7对产学研创新绩效量表数据进行验证性因子分析分析，结果如表7-32所示。

表7-32 东部样本创新绩效验证性因子分析

要素结构	因子负荷	标准差（SE）	T值
预期目标实现 PE1	0.35	0.10	3.50
投入产出优势 PE2	0.42	0.14	3.00
开发周期控制 PE3	0.46	0.14	3.29
开发风险控制 PE4	0.28	0.08	3.50
产品性能优势 PE5	0.39	0.12	3.25

根据验证性因子分析的结果可知，基于东部地区样本的产学研协同创新绩效测度量表具有较好的效度。

（3）西部样本创新绩效测度体系效度检验

基于400份西部样本数据，通过SPSS20.0和LISREL8.7对产学研创新绩效量表数据进行验证性因子分析分析，结果如表7-33所示。

表7-33 西部样本创新绩效验证性因子分析

要素结构	因子负荷	标准差（SE）	T值
预期目标实现PE1	0.45	0.12	3.75
投入产出优势PE2	0.32	0.08	4.00
开发周期控制PE3	0.29	0.09	3.23
开发风险控制PE4	0.38	0.11	3.46
产品性能优势PE5	0.30	0.08	3.75

根据验证性因子分析的结果可知，基于西部地区样本的产学研协同创新绩效测度量表具有较好的效度。

7.9 本章小结

本章进行了产学研互惠性协同、知识转化、创新绩效三个要素的测度指标设计、问卷设计，进而以我国产学研协同创新项目为对象进行样本调查，在东部地区和西部地区分别获取400份样本数据，然后运用探索性因子分析和验证性因子分析分别对测度量表实施了信度检验和效度检验，从而为研究模型的检验做好准备。

第 8 章 产学研互惠性协同、知识转化与创新绩效相关性模型检验

在信度检验和效度检验的基础上，基于总体样本、东部地区样本、西部地区样本，分别对研究模型进行检验，同时对检验结果进行讨论，进而对不同样本的检验结果进行比较。在模型检验之前，需要对模型进行识别和判断。

8.1 研究模型解析

8.1.1 因果模型设计

根据 6.4 节图 6-2 符号模型，产学研互惠性协同与知识转化因果模型如式 8-1 所示。

$$\begin{bmatrix} KC \\ KE \\ KI \\ KS \end{bmatrix} = \begin{bmatrix} \beta_{11} & \beta_{12} & \beta_{13} & \beta_{14} \\ \beta_{21} & \beta_{22} & \beta_{23} & \beta_{24} \\ \beta_{31} & \beta_{32} & \beta_{33} & \beta_{34} \\ \beta_{41} & \beta_{42} & \beta_{43} & \beta_{44} \end{bmatrix} \begin{bmatrix} KC \\ KE \\ KI \\ KS \end{bmatrix} + \begin{bmatrix} \Gamma_{11} & \Gamma_{12} & \Gamma_{13} \\ \Gamma_{21} & \Gamma_{22} & \Gamma_{23} \\ \Gamma_{31} & \Gamma_{32} & \Gamma_{33} \\ \Gamma_{41} & \Gamma_{42} & \Gamma_{43} \end{bmatrix} \begin{bmatrix} ZH \\ TH \\ CH \end{bmatrix} + \begin{bmatrix} \varsigma_1 \\ \varsigma_2 \\ \varsigma_3 \\ \varsigma_4 \end{bmatrix} \quad （式8-1）$$

在信度检验和效度检验中已经得知，知识转化四个要素之间存在着高度的独立性。因此，在结构方程模型检验中，可以设置知识转化四个要素之间的相关系数为 0，式子 8-1 因果模型可以变为式 8-2 所示。

$$\begin{bmatrix} KC \\ KE \\ KI \\ KS \end{bmatrix} = \begin{bmatrix} \Gamma_{11} & \Gamma_{12} & \Gamma_{13} \\ \Gamma_{21} & \Gamma_{22} & \Gamma_{23} \\ \Gamma_{31} & \Gamma_{32} & \Gamma_{33} \\ \Gamma_{41} & \Gamma_{42} & \Gamma_{43} \end{bmatrix} \begin{bmatrix} ZH \\ TH \\ CH \end{bmatrix} + \begin{bmatrix} \varsigma_1 \\ \varsigma_2 \\ \varsigma_3 \\ \varsigma_4 \end{bmatrix}$$ （式8-2）

根据符号模型，在式 8-2 的基础上，产学研互惠性协同、知识转化与创新绩效相关性研究模型的因果模型如式 8-3 所示。

$$\begin{aligned} PE &= \begin{bmatrix} \Psi_1 & \Psi_2 & \Psi_3 & \Psi_4 \end{bmatrix} \begin{bmatrix} KC \\ KE \\ KI \\ KS \end{bmatrix} \\ &= \begin{bmatrix} \Psi_1 & \Psi_2 & \Psi_3 & \Psi_4 \end{bmatrix} \begin{bmatrix} \Gamma_{11} & \Gamma_{12} & \Gamma_{13} \\ \Gamma_{21} & \Gamma_{22} & \Gamma_{23} \\ \Gamma_{31} & \Gamma_{32} & \Gamma_{33} \\ \Gamma_{41} & \Gamma_{42} & \Gamma_{43} \end{bmatrix} \begin{bmatrix} ZH \\ TH \\ CH \end{bmatrix} + \begin{bmatrix} \kappa_1 \\ \kappa_2 \\ \kappa_3 \\ \kappa_4 \end{bmatrix} \end{aligned}$$ （式8-3）

8.1.2 因果模型的识别和判断

（1）因果模型识别准则

因果模型和验证性因子分析模型具有类似特点，就是缺少一个充分必要条件进行识别判断，但同样能够根据现有的一些必要条件或充分条件的判断标准帮助进行模型的识别，具体识别法则如表 8-1 所示。

表 8-1　因果模型的识别法则

识别法则	识别对象	条件要求	充分或必要条件
t-法则	模型	$t \leq (p+q)(p+q+1)/2$ t：模型中自由参数的个数； p：模型中内生变量的个数； q：模型中外源变量的个数。	必要条件
递归法则	模型	（1）β 是严格下三角矩阵；（2）ψ 是对角矩阵。 其中：β 是内生变量对内生变量的效应矩阵，ψ 是结构方程残差的协方差矩阵。	充分条件

续表

识别法则	识别对象	条件要求	充分或必要条件
零β法则	模型	$\beta=0$。其中：β是内生变量对内生变量的效应矩阵。	充分条件
非递归模型的阶条件	方程	（1）至少$p-1$个变量不在方程中；（2）ψ要自由估计。p：模型中内生变量的个数，ψ是结构方程残差的协方差矩阵。	必要条件
非递归模型的秩条件	方程	（1）C的秩为$p-1$；（2）ψ要自由估计。其中：$C=(I-\beta, -\Gamma)$，I为单位矩阵，β是内生变量对内生变量的效应矩阵，Γ是外源变量对内生变量的效应矩阵，ψ是结构方程残差的协方差矩阵。	充要条件

通常，在构建因果模型时，需要解决模型的识别问题。运算工具LISREL8.7会对无法识别的模型提供相关线索。但要明确的是，在构建模型或者是对模型进行修正时，我们都应有扎实的理论作为基础。

（2）结构方程（因果模型）的识别判断

$t-$法则判断：因果模型中，自由参数包括5个内生指标的因子负荷、5个内生指标的误差方差、20个中间指标的因子负荷、20个中间指标的误差方差、15个外源指标的因子负荷、15个外源指标的误差方差、16条因果路径系数、3条外源潜变量相关路径系数，从而可知t值是99。内生指标、中间指标和外源指标数量分别是15、20和5，由此推断$(p+q)(p+q+1)/2$的值为820。显然，$t \leq (p+q)(p+q+1)/2$，因果模型可识别的必要条件成立。

零β法则判断：在因子分析中，已经得出知识社会化、知识外显化、知识内隐化、知识组合化四个子要素之间高度独立，因而在模型检验时可以设定这四个子要素之间不存在相关性。所以，知识转化四个子要素所形成的效应矩阵为零矩阵，满足$\beta=0$条件，因果模型可识别的充分条件成立。

综上可知，本研究所构建的结构方程模型具有可识别性，能够通过LISREL8.7分析工具实施模型检验。

8.2 总体样本的模型检验与分析

8.2.1 总体样本的模型检验

在上一章中，通过对总体样本数据的信度检验和效度检验后，本章利用800份总体样本数据，通过SPSS20.0和LISREL8.7对研究模型进行全模型检验，结果如表8-2所示。

表8-2 总体样本检验结果

假设	假设路径	路径表示	路径系数	T值	检验结果
H1a	组织间互惠性协同→知识组合化	ZH→KC	0.39	3.38	通过
H1b	组织间互惠性协同→知识外显化	ZH→KE	0.43	7.17	通过
H1c	组织间互惠性协同→知识内隐化	ZH→KI	0.27	2.57	通过
H1d	组织间互惠性协同→知识社会化	ZH→KS	0.12	1.086	未通过
H2a	团队间互惠性协同→知识组合化	TH→KC	0.28	2.89	通过
H2b	团队间互惠性协同→知识外显化	TH→KE	0.40	8.12	通过
H2c	团队间互惠性协同→知识内隐化	TH→KI	0.33	4.00	通过
H2d	团队间互惠性协同→知识社会化	TH→KS	0.18	1.75	未通过
H3a	成员间互惠性协同→知识组合化	CH→KC	0.09	1.11	未通过
H3b	成员间互惠性协同→知识外显化	CH→KE	0.49	9.10	通过
H3c	成员间互惠性协同→知识内隐化	CH→KI	0.37	4.45	通过
H3d	成员间互惠性协同→知识社会化	CH→KS	0.38	3.43	通过
H4a	知识组合化→产学研协同创新绩效	KC→PE	0.30	7.76	通过
H4b	知识外显化→产学研协同创新绩效	KE→PE	0.41	5.61	通过
H4c	知识内隐化→产学研协同创新绩效	KI→PE	0.61	11.28	通过
H4d	知识社会化→产学研协同创新绩效	KS→PE	0.15	4.29	未通过

同时，绝对拟合指数、相对拟合指数、信息标准指数等结果如表8-3所示。根据结果可知，总体样本数据下产学研互惠性协同、知识转化与创新绩效相关性模型的拟合指标较为理想，无需对模型进行修正。

表8-3 总体样本假设检验拟合优度指标列表

绝对拟合指数	指标值	解释与说明
x^2	76.152 （P=0.019）	$P>0.05$，拟合较好
x^2/df	2.22	<3，拟合较好
GFI	0.98	>0.9，拟合较好
AGFI	0.92	>0.9，并接近于1，拟合很好

续表

绝对拟合指数	指标值	解释与说明
RMSEA	0.04	<0.05，拟合较好
相对拟合指数	指标值	解释与说明
NFI	0.96	>0.9，并接近于1，拟合很好
TLI	0.93	>0.9，拟合较好
CFI	0.93	>0.9，拟合较好
信息标准指数	指标值	解释与说明
AIC	109.90	值较小，拟合较好
CAIC	171.71	值较小，拟合较好
ECVI	0.77	值较小，拟合较好

基于总体样本的模型检验结果如图8-1所示，其中，虚线表示未通过检验的假设路径。

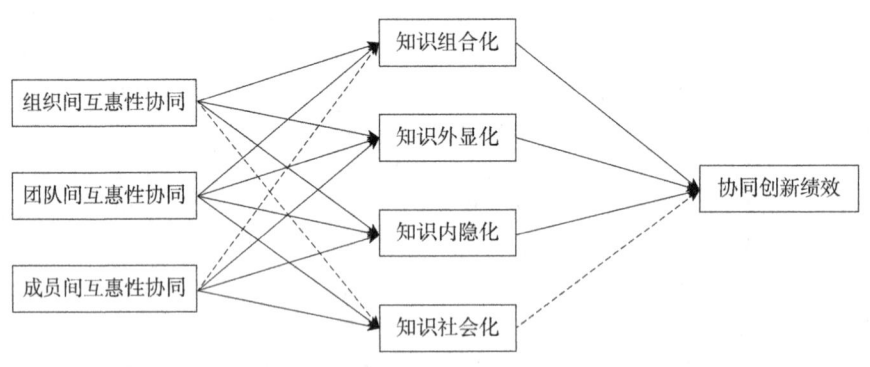

图8-1 基于总体样本的检验结果

8.2.2 总体样本模型检验结果的分析

根据检验结果可知，在我国产学研协同创新总体样本中，互惠性协同对知识转化具有一定的驱动作用，进而提升了产学研协同创新绩效。但是，互惠性的潜能尚未得到充分发挥，对知识转化的驱动仍然存在着一定的拓展空间。

具体而言：①组织间互惠性协同对产学研协同创新中知识组合化、知识外显化、知识内隐化存在着明显的驱动作用，但对知识社会化缺乏促进功能；②团队间互惠性协同对产学研协同创新中知识组合化、知识外显化、知识内隐化存在着明显的驱动作用，但对知识社会化缺乏促进功能；③成员间互惠性协同对产学研协同创新中知识组合化缺乏促进功能，但对知识外显化、知识内隐化、知识社会化存在着明显的驱动作用；④在产学研协同创新中，知识组合化、知识外显化、知识内隐化对产学研协同创新绩效存在着明显的驱动作用，但知识社会化对产学研协同创新绩效缺乏促进功能。

因此，基于产学研协同创新绩效提升的目标而言，从互惠性培育的视角来看，存在着如下基本考虑：①挖掘组织间互惠性协同对知识社会化的促进作用，进一步增强知识社会化的功能；②挖掘团队间互惠性协同对知识社会化的促进作用，进一步增强知识社会化的功能；③将知识社会化的增强作为知识转化优化的重点，持续提高知识社会化对产学研协同创新的促进力度；④挖掘成员间互惠性协同对知识组合化的促进作用，设法增强产学研协同创新中知识组合化的力度；⑤保持组织间互惠协同、团队间互惠协同对知识组合化、知识外显化、知识内隐化的促进优势，继续发挥知识组合化、知识外显化、知识内隐化在协同创新驱动中的现实作用。

8.3 东部样本的模型检验与分析

8.3.1 东部样本的模型检验

利用 400 份东部样本数据，通过 SPSS20.0 和 LISREL8.7 对研究模型进行全模型检验，结果如表 8-4 所示。

表 8-4 东部样本检验结果

假设	假设路径	路径表示	路径系数	T 值	检验结果
H1a	组织间互惠性协同→知识组合化	ZH→KC	0.33	2.89	通过
H1b	组织间互惠性协同→知识外显化	ZH→KE	0.40	4.59	通过
H1c	组织间互惠性协同→知识内隐化	ZH→KI	0.31	5.67	通过
H1d	组织间互惠性协同→知识社会化	ZH→KS	0.14	1.28	未通过
H2a	团队间互惠性协同→知识组合化	TH→KC	0.48	4.76	通过
H2b	团队间互惠性协同→知识外显化	TH→KE	0.43	8.19	通过
H2c	团队间互惠性协同→知识内隐化	TH→KI	0.56	3.31	通过
H2d	团队间互惠性协同→知识社会化	TH→KS	0.30	7.77	通过

续表

假　设	假设路径	路径表示	路径系数	T 值	检验结果
H3a	成员间互惠性协同→知识组合化	CH→KC	0.11	1.78	未通过
H3b	成员间互惠性协同→知识外显化	CH→KE	0.47	3.84	通过
H3c	成员间互惠性协同→知识内隐化	CH→KI	0.28	2.67	通过
H3d	成员间互惠性协同→知识社会化	CH→KS	0.65	5.35	通过
H4a	知识组合化→产学研协同创新绩效	KC→PE	0.38	6.02	通过
H4b	知识外显化→产学研协同创新绩效	KE→PE	0.36	3.12	通过
H4c	知识内隐化→产学研协同创新绩效	KI→PE	0.25	2.88	通过
H4d	知识社会化→产学研协同创新绩效	KS→PE	0.27	1.83	未通过[*]

同时，绝对拟合指数、相对拟合指数、信息标准指数等拟合指数列表如表8-5所示。根据结果可知，东部样本数据下产学研互惠性协同、知识转化与创新绩效相关性模型的拟合指标较为理想，无需对模型进行修正。

表8-5　东部样本假设检验拟合优度指标列表

绝对拟合指数	指标值	解释与说明
x^2	89.00　(P=0.018)	$P>0.05$，拟合较好
x^2/df	1.89	<3，拟合较好
GFI	0.90	>0.9，拟合较好
AGFI	0.93	>0.9，并接近于1，拟合很好
RMSEA	0.04	<0.05，拟合较好
相对拟合指数	指标值	解释与说明
NFI	0.92	>0.9，并接近于1，拟合很好
TLI	0.94	>0.9，拟合较好
CFI	0.91	>0.9，拟合较好
信息标准指数	指标值	解释与说明
AIC	87.65	值较小，拟合较好
CAIC	164.13	值较小，拟合较好
ECVI	0.39	值较小，拟合较好

基于东部地区样本的模型检验结果如图8-2所示，其中，虚线表示未通过检验的假设路径。

第8章 产学研互惠性协同、知识转化与创新绩效相关性模型检验

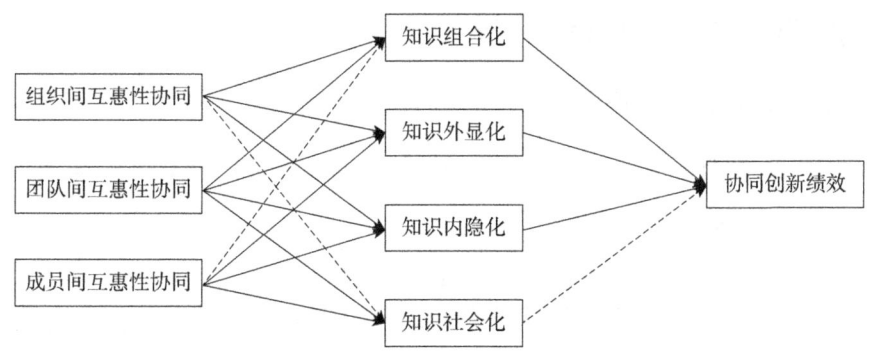

图 8-2 基于东部地区样本的检验结果

8.3.2 东部样本模型检验结果的分析

根据检验结果可知，在我国产学研协同创新东部样本中，互惠性协同对产学研协同创新中知识转化存在着一定的驱动作用，继而在一定程度上促进了产学研协同创新绩效的提高。但是，互惠性协同的功能并没有得到完全的发挥，存在着一定的拓展空间并有可能使产学研协同创新绩效再上一个台阶。

具体而言：①组织间互惠性协同对产学研协同创新中知识组合化、知识外显化、知识内隐化存在着明显的驱动作用，但对知识社会化缺乏促进功能；②团队间互惠性协同对产学研协同创新中知识组合化、知识外显化、知识内隐化、知识社会化均存在着明显的驱动作用；③成员间互惠性协同对产学研协同创新中知识组合化缺乏促进功能，但对知识外显化、知识内隐化、知识社会化存在着明显的驱动作用；④在产学研协同创新中，知识组合化、知识外显化、知识内隐化对产学研协同创新绩效存在着明显的驱动作用。知识社会化对产学研协同创新绩效存在着一定的驱动作用，但处于不显著状态。

因此，对于东部地区产学研协同创新机制的优化目标而言，互惠性协同策略的培育可以遵循如下方向：①挖掘组织间互惠性协同的潜力，提升知识社会化的转化力度；②挖掘成员间互惠性协同的潜力，提升知识组合化的力度；③加强知识社会化的功能，进一步提升产学研协同创新绩效；④继续发挥团队间互惠性协同对知识转化全面促进的优势，为组织间互惠和成员间互惠的深化提供经验借鉴。

8.4 西部样本的模型检验与分析

8.4.1 西部样本的模型检验

利用 400 份西部样本数据，通过 SPSS20.0 和 LISREL8.7 对研究模型进行全模型检验，结果如表 8-6 所示。

表 8-6 西部样本检验结果

假设	假设路径	路径表示	路径系数	T 值	检验结果
H1a	组织间互惠性协同→知识组合化	ZH → KC	0.28	2.13	通过
H1b	组织间互惠性协同→知识外显化	ZH → KE	0.31	4.76	通过
H1c	组织间互惠性协同→知识内隐化	ZH → KI	0.33	7.18	通过
H1d	组织间互惠性协同→知识社会化	ZH → KS	0.12	1.69	未通过
H2a	团队间互惠性协同→知识组合化	TH → KC	0.39	3.87	通过
H2b	团队间互惠性协同→知识外显化	TH → KE	0.46	8.11	通过
H2c	团队间互惠性协同→知识内隐化	TH → KI	0.13	1.77	未通过
H2d	团队间互惠性协同→知识社会化	TH → KS	0.09	1.01	未通过
H3a	成员间互惠性协同→知识组合化	CH → KC	0.11	1.24	未通过
H3b	成员间互惠性协同→知识外显化	CH → KE	0.35	5.13	通过
H3c	成员间互惠性协同→知识内隐化	CH → KI	0.33	2.77	通过
H3d	成员间互惠性协同→知识社会化	CH → KS	0.28	5.03	通过
H4a	知识组合化→产学研协同创新绩效	KC → PE	0.38	5.99	通过
H4b	知识外显化→产学研协同创新绩效	KE → PE	0.26	2.21	通过
H4c	知识内隐化→产学研协同创新绩效	KI → PE	0.23	1.89	未通过*
H4d	知识社会化→产学研协同创新绩效	KS → PE	0.09	1.23	未通过

同时，绝对拟合指数、相对拟合指数、信息标准指数等拟合指数如表 8-7 所示。根据结果可知，西部样本数据下产学研互惠性协同、知识转化与创新绩效相关性模型的拟合指标较为理想，无需对模型进行修正。

表 8-7 西部样本假设检验拟合优度指标列表

绝对拟合指数	指标值	解释与说明
x^2	44.79 （P=0.028）	P > 0.05，拟合较好
x^2/df	2.00	< 3，拟合较好

续表

绝对拟合指数	指标值	解释与说明
GFI	0.93	>0.9，拟合较好
AGFI	0.93	>0.9，并接近于1，拟合很好
RMSEA	0.06	<0.05，拟合较好
相对拟合指数	指标值	解释与说明
NFI	0.93	>0.9，并接近于1，拟合很好
TLI	0.93	>0.9，拟合较好
CFI	0.98	>0.9，拟合较好
信息标准指数	指标值	解释与说明
AIC	87.12	值较小，拟合较好
CAIC	103.21	值较小，拟合较好
ECVI	0.54	值较小，拟合较好

基于西部地区样本的模型检验结果如图 8-3 所示，其中，虚线表示未通过检验的假设路径。

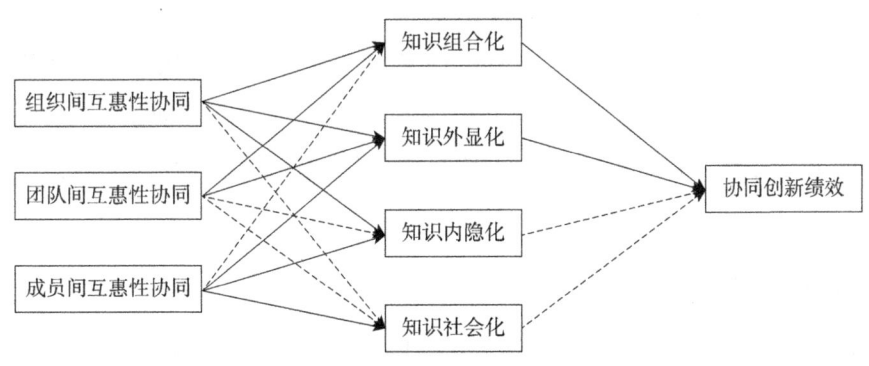

图 8-3 基于西部地区样本的检验结果

8.4.2 西部样本模型检验结果的分析

根据检验结果可知，在我国产学研协同创新西部样本中，互惠性协同对产学研协同创新中知识转化存在着一定的驱动作用，进而在一定程度上提升了产学研协同创新绩效。但是，互惠性协同对知识转化的驱动仍然存在着一定的扩展空间，蕴含待挖掘的驱动潜力。因此，产学研协同创新绩效仍然可以进一步提升。

具体而言：①组织间互惠性协同对产学研协同创新中知识组合化、知识外显化、知识内隐化存在着明显的驱动作用，但对知识社会化缺乏促进功能；②团队间互惠性协同对产学研协同创新中知识组合化、知识外显化均存在着明显的驱动作用，但对知识内隐化、知识社会化缺乏促进功能；③成员间互惠性协同对产学研协同创新中知识组合化缺乏促进功能，但对知识外显化、知识内隐化、知识社会化存在着明显的驱动作用；④在产学研协同创新中，知识组合化、知识外显化对产学研协同创新绩效存在着明显的驱动作用。知识内隐化对产学研协同绩效存在着一定的驱动作用，但并不显著。此外，知识社会化对产学研协同创新绩效缺乏促进功能。

因此，为了在互惠性协同的基础上进一步促进知识转化，进而深入推进产学研协同创新，可以遵循如下基本考虑：①充分挖掘组织间互惠性协同与团队间互惠性协同两者在提升知识社会化过程中的积极作用，增强知识社会化的转化力度，以此为突破口，使产学研协同创新绩效得到大幅提升；②充分挖掘成员间互惠性协同的潜力，促进知识组合化，发挥显性知识向显性知识转化的作用；③寻求知识转化的深度优化之路，将知识转化作为推进协同创新绩效的重点；④挖掘知识内隐化在产学研协同创新绩效提升中的作用，使知识内隐化尽快进入到稳定状态；⑤保持组织间互惠性协同与团队间互惠性协同在知识组合化和知识外显化促进效应上的领先优势，在逐步优化的同时维持住互惠性协同系统的基本功能。

8.5 检验结果的比较

根据总体样本、东部地区样本、西部地区样本检验结果的综合比较，得到我国东部、西部与全局视角下产学研互惠性协同创新、知识转化与创新绩效相关性模型检验的结果对比，如表8-8所示。

表8-8 检验结果的比较

假　设	假设路径	检验结果		
^	^	总体样本	东部样本	西部样本
H1a	组织间互惠性协同→知识组合化	通过	通过	通过
H1b	组织间互惠性协同→知识外显化	通过	通过	通过
H1c	组织间互惠性协同→知识内隐化	通过	通过	通过
H1d	组织间互惠性协同→知识社会化	未通过	未通过	未通过

续表

假 设	假设路径	检验结果		
		总体样本	东部样本	西部样本
H2a	团队间互惠性协同→知识组合化	通过	通过	通过
H2b	团队间互惠性协同→知识外显化	通过	通过	通过
H2c	团队间互惠性协同→知识内隐化	通过	通过	未通过
H2d	团队间互惠性协同→知识社会化	未通过	通过	未通过
H3a	成员间互惠性协同→知识组合化	未通过	未通过	未通过
H3b	成员间互惠性协同→知识外显化	通过	通过	通过
H3c	成员间互惠性协同→知识内隐化	通过	通过	通过
H3d	成员间互惠性协同→知识社会化	通过	通过	通过
H4a	知识组合化→产学研协同创新绩效	通过	通过	通过
H4b	知识外显化→产学研协同创新绩效	通过	通过	通过
H4c	知识内隐化→产学研协同创新绩效	通过	通过	未通过*
H4d	知识社会化→产学研协同创新绩效	未通过	未通过*	未通过

根据总体样本、东部样本、西部样本检验结果的比较，可以得到如下结论：①在产学研协同创新中，东部地区互惠性特征明显高于西部地区，尤其在团队层面，互惠性理念和行为更为明显；②在组织间互惠性协同和成员间互惠性协同效应上，东部地区和西部地区并无明显差距，而主要差距体现于团队间互惠性协同上；③在知识转化对协同创新绩效的促进上，东部地区的促进效应明显高于西部地区，尤其表现于知识内隐化对创新绩效促进的差异；④在组织间、团队间、成员间互惠性协同层面，东部地区在诸多方面与西部地区处于同样的缺失状态，如组织间互惠性协同对知识社会化的促进效应、成员间互惠性协同对知识组合化的促进效应；⑤由于西部地区在互惠性协同上存在着相当的滞后效应，因而使总体样本的互惠性协同也显现出相应的滞后性；⑥知识社会化对产学研协同创新绩效的阻碍最大，因而是互惠性协同推进的重点方向。

可见，为了减少东西部地区产学研协同创新的差距，从互惠性协同培育的视角来看，应主要遵循如下路径：①西部地区协同创新主体应大力借鉴东部地区团队间互惠性协同创新的培育经验和方法，尤其是以知识内隐化和知识社会化为推进目标和突破方向；②西部地区协同创新主体应充分挖掘知识内隐化的潜力，以缩短与东部地区在产学研协同创新绩效上的差距；③在一些互惠性协同策略的开发上，东部地区与西部地区的协同主体存在着相互借鉴的必要，如组织间互惠性协同对知识社会化的促进，以及成员间互惠性协同对知识组合化的促进；④东部地区和西部地区的协同主体都应注重知识社会化对协同创新绩效的促进，因为这一路径在东部和西部样本中都缺乏显著性。

8.6 未通过检验假设的讨论

8.6.1 总体样本检验中未通过检验假设的讨论

假设 H1d 没有通过检验，说明在我国产学研协同创新项目中，组织间互惠性协同对知识社会化缺乏促进效应。总体而言，在产学研协同创新中，高校和企业在战略层面缺乏互惠，或者互惠性特征不明显，导致对知识社会化促进乏力。

假设 H2d 没有通过检验，说明在我国产学研协同创新项目中，团队间的互惠性行为对知识社会化缺乏促进效应。在产学研协同创新中，高校和企业之间均派出各自的参与团队，负责产品的开发、测试、试生产等。如果这些团队之间的互惠性行为能够改进，则可以深度推进知识社会化。

假设 H3a 没有通过检验，说明在我国产学研协同创新项目中，成员间互惠性协同对知识组合化缺乏促进效应。成员间互惠性协同主要表现在双方参与人员之间的互惠行为，而知识组合化表现为基础资料的交流，可见，双方参与人员之间在沟通方面存在不足，存在着信息封锁现象。

假设 H4d 没有通过检验，说明在我国产学研协同创新项目中，知识社会化对产学研协同创新绩效缺乏促进效应。知识社会化是一种深度的知识转化，是产学研知识转化的最高境界，目前存在着一定程度的转化障碍。

8.6.2 东部样本检验中未通过检验假设的讨论

假设 H1d 没有通过检验，说明在东部地区产学研协同创新项目中，组织间互惠性协同对知识社会化缺乏促进效应。可见，即使在东部发达地区，企业和高校的互惠性战略意识和行为也未达到尽善尽美的地步，有待完善和提高。

假设H3a没有通过检验，说明在我国东部地区产学研协同创新项目中，成员间互惠性协同对知识组合化缺乏促进效应。相对而言，东部地区参与人员的互惠性意识较强、互惠性行为较为明显，但仍存在着不足之处。

8.6.3　西部样本检验中未通过检验假设的讨论

假设H1d没有通过检验，说明在西部地区产学研协同创新项目中，组织间互惠性协同对知识社会化缺乏促进效应。在西部地区，互惠性意识和行为相对滞后，不仅应加强对高校互惠性意识与行为的培育，也应加强对企业互惠性意识与行为的培育。

假设H2c和假设H2d没有检验，说明在西部地区产学研协同创新项目中，组织间互惠性协同对知识内隐化和知识社会化均缺乏促进效应。西部地区团队间互惠性行为对知识转化产生了一定的促进作用，但由于仅注重研发团队间互惠性行为的培育，忽略了辅助团队间互惠性行为的培育，导致对知识转化没有产生深层次的促进作用。

假设H3a没有通过检验，说明在我国西部地区产学研协同创新项目中，成员间互惠性协同对知识组合化缺乏促进效应。相对而言，我国西部地区参与人员的互惠性意识较弱，互惠性行为的特征不甚明显，不利于知识组合化的深度推进。当然，成员间互惠性行为的类型较多，需要有针对性地进行行为弥补。

假设H4c和假设H4d没有通过检验，说明在我国西部地区产学研协同创新项目中，知识内隐化和知识社会化对协同创新绩效均缺乏促进效应。知识内隐化和知识社会化在产学研协同中相当重要，如果在这两个方面存在障碍，知识转化的效果必然大打折扣，严重阻碍协同创新绩效的形成与提升。

8.6.4　未通过检验假设的综合讨论

在总体样本、东部地区样本、西部地区样本中，假设H1d均没有通过检验，因此，组织间互惠性协同对知识社会化促进乏力在我国产学研协同创新中是一个较为普遍的问题。组织间互惠性协同并非没有发生作用，而是在一些环节上有待深化。知识社会化是隐性知识向隐性知识的转化，在产学研中知识转化中居于重要地位。如果能够有效推动知识社会化，就会使产学研协同释放更大的活力。

在总体样本、东部地区样本、西部地区样本中，假设 H3a 均没有通过检验，说明成员间互惠性协同对知识组合化促进乏力是一个较为普遍的现象，也是一个有些令人匪夷所思的现象。根据其他检验结果可知，成员间互惠性协同对知识外显化、知识内因隐化、知识社会化等深度知识转化产生促进作用，但却对知识组合化缺乏促进功能，说明双方参与人员均不愿过多投入自己的私人研发信息，这非常不利于深度合作。

在总体样本、东部地区样本、西部地区样本中，假设 H4d 没有通过检验，因此，知识社会化在产学研协同创新中处于严重功能缺失状态。知识社会化是隐性知识之间的转化，是"从创意到创意"的升华过程，在尖端项目开发中至关重要。如果这一环节存在障碍，势必难以完成高水平的合作项目。

在总体样本、东部样本、西部样本的检验中，假设 H1d、H2d、H4d 在多处未能通过检验，由此可知，知识社会化的滞后是我国产学研协同创新中的一个突出障碍，互惠性协同未能有效推进知识社会化，导致知识社会化未能有效驱动创新绩效。如果在知识社会化中取得突破，我国产学研协同创新将会迈上一个新台阶。

根据未通过假设的综合分析可知，东部地区产学研协同创新的互惠性效应明显高于西部地区，因此，在一些互惠协同环节上，以及在一些知识转化流程中，西部地区有必要向东部地区汲取经验。

8.7 本章小结

本章在模型识别判断的基础上，基于总体样本、东部地区样本、西部地区样本分别对研究模型进行了检验，对检验结果进行了讨论和比较，并对检验和比较结果进行了简要评价。最后，对未通过检验的假设进行了讨论，为产学研互惠性协同创新优化策略的提出奠定基础。

第 9 章 产学研互惠性协同的案例分析及启示

产学研互惠性协同创新是产学研协同创新的一个重要方向。案例分析可以进一步解析产学研互惠性协同创新的微观机理，从而为协同创新的深化提供可行的理论支持。

9.1 案例分析的背景

现阶段，企业资源计划（ERP）系统能有效将企业供应链上游的供应商和下游的市场顾客的需求与企业自身的生产活动有机结合，受到国内外企业的普遍关注，我国企业在经营中也广泛采用。在实践过程中，很多企业发现该系统并没有实现预期的效果。就实际情况而言，目前已采用 ERP 进行经营管理的工商企业中，其效果达到预期目标的仅为 10%，达到部分预期效果的约为 30%，与预期目标相去甚远或者无任何效果的为 60%。就整体而言，ERP 仅达到了 30% 左右的预期效果。在此背景下，ERP 系统的售价却在逐步提高，且 ERP 售后服务的成本也是一笔不小的开支。在一些采用 ERP 的企业中，其效果不仅不能促进企业效益的提升，反而有着消极作用。信息质量、系统质量和服务质量是保障 ERP 有效实施的三个要素，在 ERP 系统开发过程中如何为这三大要素提供必要的保障，并没有明确的规范性共识。

L 公司是位于苏州的一家服装生产企业，经过二十多年的发展，已经具备不同制式服装的设计和生产能力，目前企业拥有固定资产 3.7 亿元，员工数量达

1200余人，属于典型的劳动密集型企业。近年来，由于公司在业界拥有良好的信誉，订单源源不断，以往的经验管理模式开始逐渐无法适应企业的发展需要。鉴于这种情况，企业高层经过反复商议，通过咨询管理专家和多次考察后，决定采用ERP提升企业经营管理效率。但由于采购ERP系统成本较高，且现有的ERP与公司的业务还存在一些不匹配的情况，因此，企业董事会决定通过与高校和科研机构合作的方式进行开发。最后根据对合作方研发实力、开发经验和业界口碑等综合因素的考量，最终与苏州M大学达成A项目的合作意向。

2015年3月组建了A项目的研发团队，成员由M大学的计算机、信息管理、数学等专业背景的专家组成，项目专家组成员并不固定，可以根据研发的需要随时调整。项目组组长由具有教授职称的李教授担任，其主要从事信息管理相关专业的教学和研究，同时也精通应用软件的开发，擅长Oracle数据库和Java软件应用开发，在该领域具有一定的知名度。

项目组正式组建以后，M大学对隶属于大学的项目专家成员给予了大力的支持。在项目正式启动后，虽然A项目组先后两次启动ERP系统的研发，但由于一些原因，项目开发过程并不顺利。第一次启动后不久，双方对项目的需求进行分析时无法协调一致处于搁置状态，企业方通过法律手段追回前期预付款20万元。导致第一次失败的重要原因在于合作双方成员之间存在的沟通障碍，无法进行有效的信息交流，从而导致双方处于对立状态，从而影响了项目的实施。而第二次项目搁置是在系统开发阶段，导致项目停滞的原因在于项目组成员对企业方的诉求没有一个准确的认识，片面基于己方过去的经验来进行系统的研发，最后导致开发出的系统无法满足企业的实际需要，项目失败，并返还企业预付款15万元。最终，尽管项目组耗费了大量的人力和物力来实施A项目的研发工作，但由于先后两次遭遇合作不畅的问题，使得项目组只获得收入15万元。

通过对ERP项目两次失败经历的经验总结，项目组组长向成员多次强调，与企业开展的A项目合作，目的并不在于获取收益，主要是通过A项目的成功来获取团队在业界的知名度。因此，收益不是主要目标。所以，在该目标的指导下，M大学与企业开展的合作活动中，除满足企业方的直接利益诉求，对于一些额外的利益诉求也可以给予考虑，对一些条款的执行可以灵活处理，不必被合同条款所束缚。

A 项目的开发包括三个阶段：开发、实施和消化阶段。在开发阶段主要的目标是构建 ERP 系统各功能板块，以满足企业的经验管理需求。实施阶段的主要目标是对 ERP 进行安装、试用和调试，主要是通过试运行发现问题并解决问题，最终实现系统运行的稳定。消化阶段的主要目标是企业对系统进行学习、吸收，掌握系统的升级和维护技能，实现企业对系统的自主控制。在三个阶段中，虽然都有不同的目标，但都需要项目组成员的积极参与，充分发挥技术优势。在 A 项目的开发过程中，除开发系统的主要任务外，项目组还承担着对企业人员进行培训的重要工作，这也是保障项目成功的重要一环。

9.2　项目开发过程

2017 年 6 月 28 日，经过多次协商后，乙公司和苏州 M 大学 A 项目组共同签署了合作协议。双方约定：① M 大学 A 项目组与 L 公司联合开发 ERP 系统，合同期为 18 个月，分为开发、实施、消化三个阶段，每个阶段实施期为 6 个月，最终实现 ERP 能够满足 L 公司经营管理的需求；系统开发后试运行阶段，项目组必须对系统的运行进行指导，对相关人员进行培训，直至企业熟练掌握系统的操作。②项目总的合同经费为 90 万元，分三个阶段支付，在合同约定的项目正式开始研发当日，L 公司支付项目组 30 万元。在 ERP 系统主体框架完成后再支付项目组 30 万元。在 ERP 系统运行稳定，企业熟练运用后再支付剩余 30 万元；③作为合作方，L 公司应在系统研发过程中给予项目组必要的支持和配合。

2017 年 7 月 1 日，A 项目组的 7 名成员正式入场。为保证系统研发的顺利，L 公司为 A 项目组提供了专属的办公室与宿舍。同时为使成员能安心投入工作，公司提供了专门的一间包厢，并安排食堂的炊事员提供优质的饮食服务。在研发过程中，公司还指派了 4 名信息技术人员全程进行配合，协同项目组的相关任务，促进共同研发的效率。

2017 年 8 月 2 日，在双方共同努力下，完成了对系统的需求分析。此时，项目组成员郭教授认为，L 公司业务流程差异较大，且业务更新速度较快，如果采用原方案确定的以"模块化"思路进行架构，可能会对未来的系统升级产生不利影响。但如果可以采用较新颖的"面向对象"法，有利于提升系统未来的适应性。

郭教授的建议并没有获得其他成员的支持，原因在于：①在合同条款中没有明确约定采取"模块化""面向对象"或其他任何形式来构建 ERP 系统，只要根据企业提出的需求进行开发与后期的指导培训，就正常履行了合同责任。②现有的需求分析都是以"模块化"的思路为前提而形成，如果按照"面向对象"进行开发，那么现有的需求分析无法满足"面向对象"的要求，可能需要重新进行，势必会耽误研发的计划安排。③"面向对象"虽然具有一定的优势，是当下较为流行的系统模式，但是项目组其他成员还未基于这种模式进行过项目的研发，经验不足，项目面临的风险较大，能否通过项目组所熟悉的 JAVA 语言和 Oracle 数据库进行有效的开发，存在较大的不确定性。

项目组负责人李教授听取大家意见后认为，郭教授的意见具有其合理性。就目前来说，对企业而言，选择"模块化"或"面向对象"的模式开发 ERP 系统并无太大的差异，不会影响 ERP 系统正式交付企业的运行效果，但是，必须考虑项目的长远影响，一旦项目完成后企业获悉没有采用更好的方案来进行设计，可能对尾款的交付产生负面影响，造成不必要的矛盾。更为重要的是，一旦项目正式投入使用后，在后期面临升级困难，使系统不能适应新的管理环境，不仅导致系统的运行效果下降，还会对项目组的声誉产生消极的影响。

最后，李教授认为，应该认真对待郭教授的建议，重新对方案进行设计，采用"面向对象"模式进行开发，同时为降低计划变更带来的影响，项目组制定了三条对策：第一，今天开始，项目组成员认真学习"面向对象"相关知识，务必在短时间内通过一切可能的方式迅速掌握相关技术。第二，向 L 公司的项目负责人明确说明"面向对象"相较于"模块化"的优势，但同时也清晰地指明可能存在的风险，不过风险由我们承担，最大限度地减少企业方的风险。重点需要向企业说明的是，之所以采用"面向对象"模式主要是基于企业方的利益考虑，是为了提高 ERP 系统的未来适应性和应用价值，以保证 ERP 系统在相当一段时间内保证企业的运用效果。第三，撰写调整方案并提交学校科研处，希望科研处提出指导意见。

M 大学科研处收到项目组的报告后很快反馈了一些意见，首先表明支持项目组对方案的调整。其次，表明合作中应表明最大的善意，尽可能提供优质的服务，将社会效益放在优先地位开展工作，企业利益优先，宁可自己吃亏，也不能让企业利益受损。同时，L公司在获悉项目计划的调整后，对项目组站在企业长远利益的角度进行考虑表达了感谢。但是，因为近年来订单量较大，生产量不断上升，企业长期处于高负荷运转状态，企业急需提升管理运营效率，所以希望 ERP 系统能够按计划投入运用。

2017年9月，当系统开发进入整体设计阶段时，遇到了新的障碍。项目组成员在与 L 公司指派的信息技术人员进行沟通时，对方有些不太愿意进行配合，总是借故拖延，导致项目组对企业的真实需求无法有效判断。面对如此情形，项目组成员建议通过 L 公司的行政部门以强制方式来处理，但该建议被否决，大部分成员认为这种方式可能会有效果，但也可能会产生不利的影响。因此，李教授决定，不通过"上层"的影响来处理，而是对项目组成员提出了三点要求：一是项目组成员应保持对 L 公司指派的协助人员的尊重，加强日常接触中情感交流，培养良好的人际关系；二是向 L 公司表明其指派的信息技术人员在制定需求分析所做的积极工作，并指出项目组对其工作的认可；三是将项目组所掌握的相关知识、技术、方法和应用情况积极与对方进行交流共享，坦诚相见，不过分强调技术保密条款而疏远对方。当然，一些涉及核心技术的仍需保密，也要注意方式方法。经过努力，一段时间以后，L 公司方指派的技术人员的心理隔阂渐渐消除，沟通不畅问题得到彻底的解决。

2017年12月31日，ERP 系统设计主体框架完成。根据合同约定的付款条件，L 公司应支付项目组费用30万元。由于受到行业其他企业实施 ERP 系统对提升管理效率效果不佳的心理影响，导致 L 公司担忧项目组开发系统也无法实现企业的预期目标，于是 L 公司没有按期支付合同款，打算系统运用后根据实际效果再考虑支付费用。

L 公司的这一安排，违反了合同条款的规定，使得项目组的一些成员一时无法接受，对 L 公司颇有微词，并计划采取法律手段维护自身的权益。在这种情况下，李教授先安抚成员的情绪，然后将相关情况反馈到学校科研处，科研处建议暂不考虑通过法律手段进行维权，而应考虑对方要求的合理性，站在对方的角度将服务工作做好，尽可能地满足对方的诉求，要通过我们认真的工作态度和真诚的服务态度完成本次合作。同时，科研处也强调，L公司并不是拖欠费用，他们对ERP系统确实有着现实的需求，之所以导致目前这种情况，主要是L公司对系统缺乏了解和经验导致的。

李教授收到科研处的建议后，向成员说明了情况，并取得成员的理解，最终项目组决定暂不追究L公司违约拖欠费用的行为。然后根据合同规定的进程进入实施阶段，开展对系统的安装、调试和对企业进行人员相关的培训。

最后，对项目进行验收时，A项目组将ERP系统的设计思路、方案和功能对专家组进行了汇报，同时展示了ERP系统的实际运行。专家组一致认为，项目组开发的ERP系统具有良好的稳定性和适应性，综合水平一流。

2018年4月22日，系统的试用与调试基本完成，运行效果达到预期目标，但A项目组至此都没有再主动向L企业提及中期费用，更没有催促企业尽快支付费用。但是，下午项目组收到L公司的通知，公司将合同约定的中期与尾期费用共计60万元支付给M大学。这出乎了项目组全体成员的意料之外。让项目组更惊讶的是，到8月底，当L公司能够熟练地运用ERP系统进行日常经营管理之后，项目组中的最后一名驻企业负责员工培训的成员准备返校时，L公司高层认为由于采用了ERP系统后，突破了企业以往存在的经营管理瓶颈，促使公司的订单迅速增加，利润快速增长，市场占有率不断提升，于是决定在合同约定的款项外再额外支付30万元，用以表达对项目组在合作中的表现出的真诚和维护企业利益的态度的感激。

M大学的A项目小组在为L公司开发ERP系统中获得了业界的广泛关注，一些企业主动发出邀请，恳请项目组帮助企业开发ERP系统。为满足这些的企业邀请，巩固项目组的成果，项目组将成员数量增加了三倍，提升了满足市场需求的能力。

9.3 互惠性策略分析

（1）作为合作一方M大学的项目组，在合作中一直秉承和执行互惠性合作的理念，站在企业的角度为对方的利益考虑。这种互惠性协同在合作中的不同层面都有明显的体现。从组织层面而言，当项目组李教授选择更换研发计划时，科研处代表 M 大学给予了大力的支持，并明确强调互惠性理念。这对于李教授打消成员顾虑，坚定计划调整的信心具有巨大的帮助。在团队层面，在 L 公司没有按合同条款履行责任拖延中期合同款时，李教授依然安抚成员，消除了成员的消极情绪，坚持工作。在个体层面，项目组成员在与 L 公司指派的参与人员沟通过程中能够做到坦诚相待，表现出高度的耐心和责任感，从而增强了项目组成员与 L 公司项目参与人员的情感纽带，提升了彼此的信任。

（2）我们应该认识到，互惠并不是单方面的，我们之前重点强调了 M 大学项目组所采取的互惠性行为，而忽视了 L 公司对项目组成员所进行的互惠性的行为。双方的互惠性行为是相互的，在项目开始实施时，尽管合同中对项目组成员的住宿和餐饮没有相应的约定，因而理应由项目组自行安排日常的生活料理，最主要是涉及租房和饮食问题。但是，L 公司在合同责任之外将项目组的住宿和饮食进行了安排，且未收取任何费用，积极为项目组安排住宿，同时请食堂工作人员解决就餐的问题。这些举措使项目组成员对 L 公司大为感激。项目组成员郭教授也透露他提出将"模块化"模式调整为"面向对象"模式的初衷就是想回报 L 公司的善意。

（3）ERP 系统的研发本质上属于信息系统开发，而制定信息系统开发的合作协议在现实中很难通过固定的模式。由于在设计理念、功能架构和技术更迭等方面的影响，最后投入的专业技术的资源有所不同，因此给项目研发带来了许多不可控制性，也使前期合同条款明确双方的法律责任和义务及对成果的认定产生了较大的难度。如合同中明确规定了 L 公司的信息管理人员及相关人员配合提供项目组完成 ERP 系统研发所需的各种必要条件。虽然合同中对 L 公司有明确的义务约定，但在实际合作的过程中，看似清晰的条款却无法约束合作方的行为，最终成为双方推卸责任的理由。从相关系统研发的实践来看，制定类似条款也具有一定的必要性。在系统研发过程中，为保证系统满足企业的要求，必须首先制定需求分析报告，而报告的制定需要大量的企业信息，对 L 公司生产、财务、人力资源、采购、营销展开详尽的调查。因此必须获得企业的积极配合，否则无法完成分析报告，开发系统更无从谈起。但是，在合同开展过程中，如何界定或判断企业人员对项目的配合程度，很难有量化标准进行判断，也很难进行约束。因此，为有效地应对这种情况，合同双方实施互惠性策略在促进双方情感联系、提升合作积极行为上发挥着正面作用。

（4）A项目在前两次合作中遭遇的失利并不是由于技术原因导致的，主要原因是由于双方信任不足，没有表现出显著的互惠性意愿。在首次合作中，对需求分析产生不同看法是很正常的现象，但合作双方都站在各自的角度来进行思考，加剧了分歧，促使了矛盾的产生，并使得矛盾从各自的员工层蔓延到了团队层次，最后形成了组织间的矛盾，导致项目开展屡屡受阻，面临着合同违约的法律责任。而在第二次原型开发阶段，企业一些员工认为ERP系统的技术升级给自身工作带来危机感或不安全，使其对ERP系统产生排斥情绪，进而采取不配合的态度和行为。同时，对于项目组而言，项目成员未经认真思考，将相关情况直接反映到企业高层，加剧了企业员工的不满，使员工对项目组的配合度越来越低。如果项目成员能够站在对方的角度进行认真的思考，体谅他们表现出的职业焦虑，积极维护他们的利益，表现出友善的互惠性的行为和态度，则合作可能实现双方的共赢。

9.4 案例的启示

第一，在产学研协同创新中，要关注合作方的互惠性特征，挑选互惠性特征明显的合作方，才能收到产学研中互惠性协同的预期效果。

根据彼得·圣吉的观点，除了人以外，由人构成的组织也具有一定程度的情商，但现实中表现得不太显著，"理性经济人"假设也会对组织的情商产生影响。通常，组织也会以自身利益最大化作为目标，凭借合同条款来获取自身利益，很难用互惠的思想来驱动自身的互惠行为。与此类的协同方进行合作时，缺乏实施互惠性策略的土壤。如果要运用互惠性协同策略，必须对协同方的互惠性倾向进行有效的甄别。

第二，大量的产学研协同项目的合同条款缺乏完整性，在理性经济人的环境中，双方很容易因为条款的不明确发生一些利益纠纷。因此，产学研项目的成功需要双方具有互惠的意识与行为。

随着社会经济的发展，技术日新月异，且市场环境也在动态的发展中。如果协同项目无法按照合同先期的既定目标进行研发，则为保证项目的有效性会根据市场或技术的变化进行不断的调整，项目的实施存在着一定程度的不确定性。基于威廉姆森的契约不完全理论，有些不确定的因素无法在合同条款中进行明确的约定，也根本不可能事先预判实施过程中有可能遇到的不确定的情况。如果合作方基于理性经济人假设，刻板地执行合同条款的约定，会给合作的顺利开展带来消极的影响，制约协同的效率，甚至最终对整个合作产生破坏作用。如果双方拥有互惠理念，在合作过程中展现积极的互惠行为，则可以有效地规避和化解合同不完整性带来的不确定问题，促使合作的成功。

第三，在产学研互惠性协同创新中，互惠性行为可以在不同的层面产生。如组织层面、团队层面和员工个体层面，且高层之间的互惠行为对低层之间的互惠行为有着强烈的示范和榜样作用，有利于激发低层间的互惠行为。

产学研协同创新能够划分为三个不同的层次：一是组织层面，即高校、研究机构、企业和辅助服务机构等各个组织间的协同；二是团队层面，即参与主体所属团队之间的协同；三是个体之间，即参与主体所属成员之间的协同。在这三个不同层面的协同中，都能够实施互惠性协同行为，但表现形式有所不同。在组织层面，参与主体可以在项目谈判、合同制定、项目控制等环节来展示互惠。在团队层面，各团队可以利用项目实施中的方案设计、沟通、具体任务安排等环节来展示互惠。在个体层面，能够利用各种合作交流场合展示个人的互惠行为。

第四，如果互惠偏好能促进从合作到协同，产学研合作创新与产学研协同创新的转变并不是遥不可及，这也是保证协同创新最终成功的关键。

目前，对协同概念的认识还是基于学术研究的视角，如何将理论有效地指导实践，目前实践中还没有成功的案例可以参考。但我们要明确的是，传统的合作与协同存在本质的区别，协同是一种更高水平的合作形式。协同可以有多种表现形式，还需要进行深入的研究。但是可以预见的是，从互惠性的角度思考协同是一条切实可行的路径。

第 10 章 产学研互惠性协同创新优化策略

产学研协同创新是产学研协作的努力方向。我国的产学研协作尽管开展多年，但远未达到预期目标，仍滞留在合作创新的境地。许多参与者对产学研协同创新的机理缺乏深刻认识，阻碍了协同效应的出现。本研究依据分析和检验，首先提出产学研互惠性协同创新的基本改进方向，进而分别从政府与社会、企业、高校等不同视角提出产学研协同创新的优化策略。

10.1 产学研互惠性协同创新的基本改进方向

（1）传统的理性经济思想在一定程度上束缚了产学研协同创新机制的完善，需要引入非理性的互惠思想。

目前，尽管我国改革开放在不断深化，但对西方经济学和管理学思想的吸收消化依旧亦步亦趋，并未达到洋为中用、创新发展的境界。在西方社会，理性经济人理念下的管理思潮已经渐行渐远，而是发展为不断纳入公平、互惠、利他理念下的现代管理行为。在行为经济学、实验经济学等新兴经济理论的指导下，非理性偏好下的管理行为在现代管理中发挥了相当作用。但在我国管理领域，尚未能意识到非理性偏好管理思想和理念的重要价值，研究中仍旧局限于理性经济人下的自利行为，实践中甚至将这种自利行为发挥到极致，因而严重阻碍了我国各类管理机制的完善。反映在产学研领域，抑制了产学研机制的自我调节和优化。

（2）产学研协同创新存在着庞大的潜在利益拓展空间，需要合作各方以互惠性合作理念和行为来深入挖掘。

由于技术的不确定性和市场的不确定性，产学研协同创新的利益空间并不仅仅受限于合约规定，而存在着更大的可拓展边界。这些潜在的利益空间是无法在合约中表述的，并且时刻受到机会主义的威胁。当然，机会主义不仅威胁到潜在的利益空间，也会威胁到合约所规定的利益空间。在这种情形下，如果充分发挥互惠性行为的功用，则往往会取得意想不到的合作效果，不仅可以消除机会主义对合约的侵蚀，也可以使利益空间得到扩大。因此，在产学研协同创新中，如果自囿于合约的框架，受制于利己主义的桎梏，则无法抵达理想的彼岸。

（3）产学研合作环境的优化是一种循序渐进的过程，需要以互惠性的思想和理念来引导。

互惠性思想和理念的引入是产学研合作环境优化的一种有效措施，在我国当前产学研合作环境中也较为适用。具体而言，在合作过程中，如果企业充分考虑高校、研究机构的利益，就可以得到高校、研究机构更多回报，企业有望获取由让利而产生的较大利益回报。相反，如果企业拘泥于自身利益最大化，对高校和研究机构锱铢必较，就会削弱高校、研究机构研发的互惠主动性。目前，在理性经济人理念的影响下，我国大部分企业在产学研合作中，很少具有互惠性的意识，也缺乏互惠性的行为，僵化执行合约，导致高校、研究机构的科研潜力难以充分发挥。

（4）合约是产学研协同创新的基础，信任是重要的促成要素，而互惠是根本保障。

在产学研协同创新中，合约的约定必不可少，但最终的成功并不完全取决于合约，还需要合作双方的高度信任。由于机会主义的存在，即使签订了最完美的合约，如果缺乏信任，成功的希望依旧大打折扣。当信任达到一定程度时，互惠就自然而然产生了。在我国产学研协同创新项目中，互惠有可能是最根本的成功保障因素。如果在产学研合作中缺乏互惠性行为，则很难期望这样的项目能产生预期效果。互惠性要素越多，互惠性欲望越强烈，互惠性行为越明显，协同创新的效果越显著。在西方产学研协同创新实践中，合约并不是合作双方最为看重的因素，而是对合作方互惠性特质的愈发重视。

（5）合约的不完备性普遍存在，导致产学研合作过程存在着高度的不确定性，需要互惠性行为的调整。

在产学研合作过程中，由于技术的不确定与市场的不确定，致使合约的不完备性普遍存在，或表现于技术交流过程中，或表现于利益分配过程中。因此，如果在理性经济人思想的支配下，过分拘泥于合作条款，则很可能会影响开发流程的正常进展，甚至导致合作的中断。有鉴于此，互惠性行为是弥补合约不完备性的可行之策，即在合作的基础上，合作双方以互惠性行为，给予对方一定的额外利益支付，在得到对方利益补偿的同时，可以使合约得到调整和优化，增强灵活性，从而产生超常的激励作用。

（6）产学研互惠性协同创新机制的形成，在初始阶段需要政府、金融机构、中介机构、行业协会等外部力量的促进。

在产学研协同创新演化博弈分析中，可以看到，当协同创新的合作者数量达到一定比例后，互惠性创新系统的形成就演变为一种自发过程。但由于在我国产学研合作中，互惠型企业、高校、研究机构少之又少，很难达到这一临界比例，因此，需要各类外部机构的介入，尤其是发挥政府的引导作用。当然，行业协会、中介机构、金融机构的引导也不可缺少。外部干预的作用是逐步提高互惠型企业、高校、科研机构的比例，尤其是提高互惠型企业的比例，激发参与各方的互惠性行为，进而促进互惠性协同创新机制形成达到一种自发优化状态。

（7）产学研协同创新中知识转化的驱动需要置于互惠性的环境之中。

产学研协同创新的关键在于知识转化，知识转化的成败很大程度上决定着产学研协同创新的成败，这在产学研知识管理领域基本形成共识。但如何驱动产学研中的知识转化，至今未有明确的思路和方案。知识资本是客体，无法自发产生驱动力，需要借助于主体的力量，或者借助于外部环境的催化。根据本研究的分析可知，互惠性环境对于知识转化的驱动至关重要。这种互惠性意识或理念通过对产学研合作主体行为的修正，可以焕发出极大活力，推进知识转化的加速运转。由于隐性知识具有缄默性、模糊性、非编码性等特征，在常规管理中很难实现转化，但与互惠性管理存在着天然的拟合性。

（8）产学研协同创新中的"协同"需要被赋予互惠性内涵才能探索一条可行

之路。

产学研协同创新在我国看似如火如荼，但没有实质性进展，与合作创新相比并无质的飞跃。究其原因，在于对"协同"的认识处于肤浅阶段，无法给予实践有力的指导。合作双方仍旧习惯于传统的合作，换汤不换药，因而长期将"协同"置于虚无境地。根据本研究的结果可知，互惠性是协同的核心要素之一，是协同的内在驱动力量。如果合作中行使了互惠性策略，则可以实现对合作创新的超越，并可充分发挥子系统的"非线性整合"功能，达到协同创新的目标。可见，如何将互惠性理念和行为融入协同创新机制，是实现从"合作"到"协同"飞跃的可行之路。

10.2 互惠性情境下产学研协同创新的优化策略

产学研协同创新的开展和深化，不仅涉及企业、高校、研究机构等具体参与者，也涉及政府、金融机构、中介组织、行业协会、评估机构等外部组织，因而需要依托宏观的经济、社会、文化氛围，才能发挥互惠性功效。只有具备了互惠性的宏观环境，互惠性协同创新才能植入到企业与高校。

在我国产学研体系中，企业、高校或研究机构的互惠性特征普遍较低，互惠性行为较为匮乏。即使在宏观互惠性经济与管理环境下，企业、高校等参与方的互惠性行为培育也是一项艰巨任务。换而言之，在具体的合作层面，即在组织、团队、成员之间协同优化的具体实施中，需要进行有针对性的互惠性理念与行为培育。

10.2.1 政府与社会视角下产学研互惠性协同创新的改进策略

（1）大力培养产学研合作各方的互惠性理念，抵御协同创新中机会主义的干扰。我国产学研协同创新的成功率之所以低，并不仅在于资源投入的不足，或是技术能力的不完善，抑或是合约的不完备，而在于互惠性理念和行为的缺乏。在僵化的理性经济人思想的影响下，许多企业在合作中一味考虑自身利益，目光短浅，不懂得合作才能共赢、才能让企业发展更加强劲。其实，现代西方企业管理实践中并不拘泥于狭隘的理性主义，而是谋求多方互惠和利他，以适应现代经济环境的要求。在我国产学研协同创新中,大部分企业缺乏互惠理念,更缺乏互惠行为,立足于自身的利益,以契约为借口,不顾及对方的利益,因而未能充分开拓产学研合作中庞大的潜在利益空间。

(2)充分发挥政府在互惠性企业培育中的引导作用,提高互惠性觉悟。目前,在我国产学研协同创新中,互惠型企业数量有限,某种程度上阻碍了互惠型协同创新机制的形成。对于大部分企业而言,缺乏互惠性思维,对高校、研究机构等合作伙伴的激励完全建立在合约上,意图利用合约来全面维护自身利益。但由于产学研项目存在着高度的不确定性,合约激励往往低效,不能激发高校、研究机构的自主性和积极性。即使高校、研究机构在与企业的协同过程中发现了新的技术突破口,但限于合约束缚,也可能会完全屏蔽新技术的开发和应用。倘若在互惠性开发环境下,新技术的威力就会得到最大程度的释放。由于短期利益诱惑性强,因而互惠性理念和行为的培育需要政府机构的大力参与和引导,尤其在我国现实经济环境下更是如此。

(3)积极培育企业或高校的互惠性战略规划思维,推进组织间互惠协同对知识社会化的驱动作用。根据表8-8检验结果可知,在总体、东部、西部产学研协同创新样本中,假设H1d均没有通过检验,说明组织间互惠性协同对知识转化缺乏促进功能,进而阻碍了知识社会化的顺利推进。知识社会化是隐性知识向隐性知识的转化,是决定能否产生高精尖产学研产品的关键因素。如果知识社会化受阻,产学研协同不可能真正深入下去。根据表7-14、表7-15、表7-16的内容,在信度检验中,无论在总体样本、东部样本或西部样本中,协同互惠指标缺乏必要的信度,说明在企业与高校、研究机构在协同洽谈与合约签订时,过分拘泥于自我利益,一味强调合约的约束与激励作用,而没有意识到互惠性行为对己方、他人、项目整体所带来的益处。可见,无论是企业或高校,在组织层面中,互惠性的战略思维甚为重要。在项目合作的战略规划上,除了追求自身利益,也要兼顾对方利益,才能适应现代经济发展的要求。

10.2.2 企业和高校总体视角下产学研互惠性协同创新改进策略

(1)充分利用互惠性行为驱动产学研协同创新中的知识转化,加大隐性知识转化力度。Polany 指出，隐性知识是知识资本的主体，占据知识资本总量的 80%以上，而显性知识仅是"冰山之一角"，这在产学研协同创新中同样适用。尽管产学研合作者尤其是高校，也认识到隐性知识转化的重要作用，但在具体实施时缺乏成熟的思路和缜密的规划。根据本研究的结果可知，无论是企业还是高校，都应适当实施互惠性合作行为来促进知识转化的进程，尤其是知识社会化，在隐性知识转化中居于核心地位。知识转化与互惠性的拟合是本研究的一个重要结论，然而在现实中能够合理运用互惠性合作策略的企业或高校并不多，这是产学研知识转化不佳的原因之一。

（2）不仅要关注组织层面的互惠性协同，更应关注团队与成员层面的互惠性协同。企业与高校之间的产学研互惠性协同，可以发生在组织层面，也可以发生在团队、成员层面。在实际运作中，后者比前者似乎更为重要。为了协同创新的实现，高校和企业均应派出相应的团队，主要以研发团队为主，企业方面还需要辅以生产、质检、市场等辅助团队以配合高校研发团队的工作。如果在团队层面缺乏互惠性协同行为，则团队之间的协同创新很难实现，甚至沦为普通的资源互补，无法发挥协同的力量。同样，在人员层面，双方的参与人员如果缺乏互惠性的合作行为，也会使成员之间的合作处于平庸状态。如果团队和成员层面的互惠性协同未能实现，则组织层面的互惠性协同将失去基础。

（3）充分利用知识管理研究的最新成就来促进产学研协同创新中互惠性知识转化的实现。无论是产学研协同创新的过程，还是产学研合作创新的过程，都是典型的知识活动过程，是知识转移、知识转化、知识共享等知识行为的合成。由于知识转化在知识管理中占据举足轻重的地位，故产学研知识管理的升华一般以知识转化为突破口。在互惠性协同环境下，为了更有效地推进知识转化，也需要联动性地推进其他各种知识行为，作为知识转化的辅助动力。同样，在互惠性协同环境下，知识转移、知识共享等知识行为也具有很大的内在动力，高于自利性环境的行为效率。目前，知识管理的研究仍局限于理性假设前提，没有引入利他偏好来修正和重构，导致知识管理研究处于缓进状态。

（4）在现有的互惠性协同环境下大力推进知识社会化，即协同创新中隐性知识向隐性知识的转化。根据表 8-8 检验结果可知，无论在总体样本、还是在东部和西部样本的检验中，假设 H1d 和 H2d 基本没有通过检验。可知，协同创新中的知识社会化严重滞后。随着产学研协同的深化，知识社会化会成为一个竞争焦点，尤其是如何协同企业和高校之间隐性知识的社会化，使知识社会化在这个虚拟合作企业中获得成功。

根据表 7-18、表 7-19、表 7-20 可知，在信度检验中发现知识社会化表现为深度设计缺乏一定的信度，成为阻碍知识社会化顺利实现的一个主要因素。这说明在产学研项目开发中，合作双方的人员在设计思维上尚不能达到高度共鸣的程度，无法在更深的创意上达成默契，因而抑制了产成品的质量。显然，没有更深的合作创意，就不会有最好的产品。这种缺失可以在互惠性培育中获取，尤其通过组织间互惠和团队间互惠的培育来完成。就目前情况来看，成员间互惠已经达到一定高度，但组织间互惠和团队间互惠还有待深化。组织间和团队间互惠培育的重点目标是促进知识社会化，具体目标是促进研发人员的互惠性深度设计会谈，这在西方企业被称为终极型协同策略。

（5）推进成员之间的创意整合互惠，促进产学研协同创新的知识组合化。根据表 8-8 检验结果可知，无论在总体样本、还是在东部样本和西部样本中，假设 H3a 均未通过检验，说明成员间互惠对知识组合化缺乏促进。同时，根据表 7-25、表 7-26、表 7-27 因子分析的结果可知，创意整合互惠指标与所属的要素也缺乏相关性。因此，通过对成员间创意整合互惠的促进，可以增强成员间互惠，进而驱动知识组合化。

企业与高校的研发人员之间的创意整合，可以通过深度会谈的形式实现，也可以通过书面交流的形式实现。在创意阶段，产品设计在本质上是隐性知识，但可以以显性知识的形式存在。在我国目前产学研协同创新中，成员之间的创意整合虽然受到高度重视，一直为合作双方所强调，但在具体实施上并无多大起色。在大多数产学研协同创新项目中，创意整合局限于团队层面，难以取得理想的效果。常规的信息交流在成员间较为常见，但创意交流很少。

10.2.3　企业视角下产学研互惠性协同创新的改进策略

（1）企业应主动行使互惠性协同行为激活高校的互惠性回报，这是互惠性协同创新机制形成的基础。目前,我国大多数企业互惠性理念和思想比较淡漠,因而在实施产学研合作中锱铢必较容易引发合作裂痕。相对而言,高校的互惠性意愿较为明显,不仅愿意在必要时对企业伸出援助之手,也会在受惠于企业时给予额外回报。因此,企业应以自己的互惠性行为作为手段或工具,充分回应高校的互惠性努力,创造互惠性合作氛围。互惠性协同创新机制的培育,企业是关键。而互惠性行为的行使,既在于政府等外部机构的引导,也在于高校互惠性行为的诱导,更在于企业的自我调整。

(2)从互惠的视角来寻求"协同"的优化之路,将"互惠性协同"作为协同的突破口。协同创新在我国正式提出已近五年,但"协同"效应并没有见到实质性的进展。许多企业依然将传统的合作作为协同,认为实现资源互补就是协同,这曲解了"协同"的本义,没有寻求到有效的"协同"之路。从本质上说,"协同"要求各个子系统能够高度契合,打破边缘、融于一体,在时间、空间、功能上从无序变为有序,从而实现深入、默契、高效的合作。而在以理性经济人为基础的传统经济理论和管理理念下,这种高度理想结果很难达到。只有在互惠性理念的引导下,通过合作双方的互惠性行为,才有可能达到真正"协同"的目标。

(3)为了更有效地实现互惠效应,企业应着力选择互惠倾向较强的高校作为产学研协同创新的合作伙伴。互惠性协同创新的发生,往往是基于企业的互惠性引导与高校的互惠性响应。如果高校的互惠意识较弱,则互惠性协同创新效应很难发生。相较于企业而言,尽管高校或研究机构的互惠意识较强,但如果企业能够在众多备选对象中选择互惠性特征最为明显的高校作为合作对象,则会更易创造出互惠性经济效应。一般而言,产学研合作经验丰富、技术领先、信誉卓著、历史悠久的高校,其互惠意识较强,更易对企业产生互惠性回报,体现在契约签订、利益分配、风险分担、资源配置、知识产权利用、信息交流等方面。

10.2.4 高校视角下产学研互惠性协同创新的改进策略

(1)高校应积极、主动、率先实施互惠性行为,激发企业实施互惠性合作。总体来看,我国高校的互惠意识较强,企业的互惠意识较弱。为了激活并深化互惠性合作，高校应主动实施互惠行为诱发企业的互惠动机，进而引发企业的互惠行为。在产学研协同创新中，高校一般负担技术开发工作，这是一项十分复杂的任务，需要企业的大力配合。对于这种复杂性较高的合作，很难在成本、收益、责任、义务、利益分配上进行精确的界定。因此，互惠性行为是矫正、调整、完善合约的有效策略，可以在各种复杂条件下使产学研合作顺利推进。

（2）高校应选择互惠性特征较明确的企业作为合作伙伴，以提高协同创新的绩效。互惠是双方行为，互惠的选择也是双向行为。企业要选择互惠性特征较为明显的高校，高校也应选择互惠性特征较为明显的企业。我国一些企业过分拘泥于理性思维，认为按合同办事是至高无上的商业法则，对协同存在着片面的、狭隘的理解，没有透彻理解技术合作的特殊性，导致合作磕磕绊绊、缠结百出。因此，在有选择余地的情况下，高校宁可在利益分成上做些让步，也要尽量选择互惠性特征较为明显的企业作为合作伙伴。如果企业对协同的理解过于"理性"、过于自利，则非常不利于高校知识资本或人力资本功能的发挥。在产学研协同创新项目中，许多合作项目最终不了了之、虎头蛇尾的原因就在于对合作伙伴的选择不当。

10.3　互惠性协同创新下西部地区向东部地区的借鉴策略

（1）西部地区应学习东部地区辅助型团队互惠合作的经验，提高团队互惠合作的力度。根据表 8-8 的检验结果可知，在西部地区样本中，假设 H2c 没有通过检验，但在东部地区通过了检验。同时，根据表 7-27 可知，在西部地区样本中，指标 TH2、TH3 被剔除，而在东部地区样本中均被保留。可见，西部地区在辅助型研发团队的互惠合作上存在差距。

在产学研协同创新中，高校方主要派出研发团队，而企业方除了派出协助型研发团队外，也派出生产、质检、市场、后勤服务等辅助型团队。这些辅助型团队与高校研发型团队之间的互惠性合作也很重要，不能单单依赖于双方研发团队之间的互惠。在我国西部地区，虽然也意识到团队互惠行为的重要性，有意识地培育了研发团队之间的互惠性行为，但却没有重视辅助型团队的互惠性行为，从而导致团队间互惠性协同存在功能缺失。如果企业的各种辅助团队在质量检验、后勤服务、产品测试、市场分析中对高校的研发团队缺乏互助，一味拘泥于常规，则有可能扰乱高校研发团队的设计计划和方案，或者使高校研发团队的工作失去灵活性。

（2）西部地区在产学研协同创新中，在专用性投资上应多考虑对方的长远利益。根据表8-8的检验结果可知，在西部地区样本中，假设H2c没有通过检验，但在东部地区通过了检验。同时，根据表7-27可知，在西部地区样本中，指标TH2、TH3被剔除，而在东部地区样本中均被保留。可见，西部地区在专用性投资的互惠合作上存在着差距。

在产学研协同创新中，双方均要投入一定的专用性资本，实施必要的专用性投资。专用性资本是一种不可逆资本，具有"套牢"的特征，对投资方会带来一定风险。在常规状态下，投资方往往过度考虑自身利益，没有考虑对方利益及长远合作，在专用性资本投资上趋于保守，降低了专用性投资的资本价值。因此，西部地区的高校和企业，应着眼于长远，在考虑自身利益的同时兼顾对方利益，为对方的长远发展考虑，这样可以发挥出互惠性合作的价值，使双方受益。

（3）在产学研协同创新中，企业生产、市场团队应尽量向高校研发团队提供关于生产与市场方面的信息。

根据表7-8的检验结果可知，在西部地区样本中，假设H4c没有通过检验，说明知识内隐化对产学研协同创新绩效缺乏促进效应。同时，根据表7-30可知，在西部地区样本中，指标KI4、KI5被剔除，而在东部地区样本中被保留。可见，在西部地区，正是由于高校研发人员对市场信息和生产信息吸收不足，才导致知识内隐化滞后，进而削弱了协同创新绩效。

在产学研协同创新中，不仅双方的研发团队要参与互惠性合作，企业的辅助团队也要参与互惠性合作，向高校研发团队不断提供市场需求、产品测试、试生产等方面的信息，才能更为有效地发挥出高校研发团队的潜力。如果企业辅助团队过多地受到狭隘、自利、僵化的机会主义影响，对高校研发团队实施信息封锁，或者不积极、主动地提供必要的信息，也会削弱高校研发团队的参与力度。

由于假设H2c没有通过检验，且指标TH2被剔除，可知，在西部地区产学研协同创新中，企业生产、营销团队在向高校研发团队的信息提供上缺乏主动性和积极性。如果这一短板被加长，互惠性作用的发挥会进一步激活高校研发团队的潜力，使产学研协同创新绩效大为改观。

10.4　本章小结

本章主要阐释了产学研互惠性协同创新的优化策略，包括互惠性协同创新的基本改进方向、优化策略以及西部地区对东部地区的互惠性借鉴策略，从而为我国产学研互惠性协同创新的深化提供理论借鉴。其中，产学研协同创新的优化策略包括政府与社会视角下、企业与高校总体视角下、企业视角下、高校视角下的优化策略。

第 11 章 结论与展望

11.1 主要研究结论

（1）通过将互惠性偏好植入的莫里斯－霍姆斯特姆委托－代理模型的均衡分析，发现在产学研协同创新中，合作双方的互惠性行为有助于实现协同目标，为协同的实现找到一条可行之路。基于莫里斯－霍姆斯特姆委托－代理模型，通过委托方企业互惠性偏好的植入，分析了互惠性偏好下产学研协同创新的激励参与约束和激励相容约束，发现在互惠性偏好下，产学研协同创新的均衡收益可以实现对理性状态下均衡收益的超越，即参与双方的互惠性偏好行为可以提升协同创新的效率。也就是说，互惠性理念与行为的引入可以有效地补充、丰富、扩充协同的内涵。

（2）通过产学研互惠性协同演化机理分析，提示产学研互惠性协同市场的培育，需要政府与社会的推动。本研究借助于演化博弈分析的思想，分析了理性产学研协同创新市场向互惠性协同创新市场转化的路径，指出了互惠性协同创新市场构建的可行性与必要性，认为在一定的外力作用下，我国产学研协同创新市场可以实现向互惠性协同创新市场转变，不仅可以提高参与双方的收益，还可以提高整个市场的效率，进而为产学研协同创新视角下国家创新战略的实施指出了努力方向。

（3）根据研究模型的检验结果可知，知识转化在产学研互惠性协同中存在着明显的传导效应，直接促进协同创新绩效的提高。从知识转化的视角来看，产学研协同创新的过程就是知识转化的过程。正是在知识转化过程中，产学研协同才逐渐见效。合作双方的互惠性行为对知识转化存在着直接的驱动作用，因此，互惠性行为的培育应以知识转化驱动为目标,才能达到提高创新绩效的效果。产学研互惠性协同建设,应引入知识管理的思想和方法,尤其是知识转化。

(4) 通过比较分析可知,我国东部地区产学研互惠性协同创新效应明显高于西部地区,西部地区应向东部地区吸取经验。互惠性效应在东部与西部产学研协同创新中均发挥了一定作用,但总体而言,东部地区的互惠性效应较为明显,对知识转化促进的力度较大,对创新绩效的增进效应更强。因此,在组织互惠性协同、团队互惠性协同、成员互惠性协同三个层面,东部地区均存在值得西部地区借鉴的经验。

(5) 通过检验结果的综合分析可知,整体而言,我国产学研互惠性协同仍存在许多不足之处,有待改进。无论是东部地区还是西部地区,协同创新中的互惠性效应仍存在着功能缺失,对知识转化尚未达到完备性促进状态。因此,如果有针对性地提高组织间、团队间、成员间的互惠性行为,可以加快知识转化,进而提高协同创新绩效。互惠性协同的培育是一个渐进过程,需要高校与企业共同努力。

11.2 研究不足

(1) 对产学研协同创新的实践性认识有待深化。在样本调查中,走访和调查了数十个产学研项目及相关企业与高校,对产学研实施的流程、环节、特征获得了一定认识,有利于模型检验后优化策略的提出。但由于时间和精力有限,未能面谈更多的项目和企业和高校的相关人员。

(2) 没有重点突出隐性知识转化的作用。在本研究中,基于知识转化的视角分析了产学研协同创新中的知识协同,既包含了隐性知识转化,也包含了显性知识转化。事实上,隐性知识转化是知识资本的主体,是知识协同的核心内容,在价值和意义上远大于显性知识转化,因而应作为重点研究。

11.3 研究展望

(1) 深入分析和归纳产学研协同创新中的互惠性行为,构建动态的、更为合理的互惠性协同测度体系。在本研究中，基于现有的理解和认识，将互惠性行为界定在组织层面、团队层面和成员层面，并对各个层面的互惠性要素进行了解析。但由于互惠性行为纷繁复杂，与公平性行为存在着交汇和分歧，因而很难完全罗列和包含所有的互惠性现象。随着产学研协同的推进，互惠性现象将日渐增加，互惠性种类更为繁多，要不断吸收协同创新中新的互惠性要素，构建更为合理的互惠性测度体系。互惠性行为是一种非理性的行为，与常规的合作行为存在着本质区别。

（2）进一步扩展产学研协同创新中知识管理的研究范围，充分发挥互惠性情境下知识管理在产学研协同创新推进中的作用。产学研协同创新的过程本质上是知识管理的过程，确切地说，是知识管理升华的过程。因此，如何实现协同创新中传统管理情境下知识管理向互惠型管理情境下知识管理的转化，是产学研互惠性协同创新研究的一个重要目标。由于知识转化在知识管理中处于枢纽地位，本研究仅引入了知识转化，但知识转化毕竟不能完全替代知识管理。除了知识转化外，知识共享、知识转移也都是重要的知识管理因素，同样需要互惠型环境的驱动。

（3）深入进行产学研互惠性协同创新的案例分析，归纳出协同创新的具体策略，进而在产学研领域推广与应用。在我国产学研协同创新领域，存在着大量的互惠性参与行为，分布在参与各方的组织层面、团队层面和成员层面。不过，这些互惠性参与行为大多处于自发状态，并非参与双方有意实施的结果。在本研究结论的引导下，通过大量、有价值的、有代表性的案例分析，可以归纳出具体、有效、直接的产学研互惠性协同策略，为参与各方提供借鉴。不仅可以逐步提高产学研协同的效率，也可以使参与各方的互惠性行为从自发状态变为自觉状态。

参考文献

[1] 艾志红，谢藤.产学研协同创新的知识转移演化博弈及仿真分析[J].南昌大学学报（人文社会科学版），2015（4）：77-82.

[2] 白俊红，卞元超.政府支持是否促进了产学研协同创新[J].统计研究，2015（11）：43-50.

[3] 卞元超，白俊红，等.产学研协同创新与企业技术进步的关系[J].中国科技论坛，2015（6）：38-43.

[4] 蔡冬松，毕达天，等.产学研共同体信息供应链的演化博弈分析[J].情报理论与实践，2013（9）：1-6.

[5] 曹文杰，苏玉婷，等.产学研联盟的隐性知识转移阻碍及互惠性协调研究[J].企业活力，2010（12）：88-92.

[6] 陈劲，阳银娟.协同创新的理论基础与内涵[J].科学学研究，2012，30（2）：161-164.

[7] 陈劲.新形势下产学研战略联盟创新与发展研究[M].北京：中国人民大学出版社，2009.

[8] 陈劲.协同创新与国家科研能力建设[J].科学学研究，2011，29（12）：2-3.

[9] 陈柳.信任、声誉与产学研合作模式[J].科技管理研究，2015（12）：233-236.

[10] 陈子韬，袁梦，孟凡蓉.政府资助、科技类社会组织与产学研协同创新[J/OL].科学学研究：1-18［2023-02-28］.

[11] 陈忠卫.产学研的信任关系与合作模式选择——基于多案例的比较研究[J].管理案例研究与评论，2014（5）：360-371.

[12] 储节旺，李佳轩.基于知识生态系统视角下的产学研协同共生演化机理研究[J/OL].情报科学：1-16[2023-02-28].

[13] 刁丽琳，朱桂龙.产学研合作中的契约维度、信任与知识转移——基于多案例

的研究 [J]. 科学学研究，2014（6）：890-901.

［14］刁丽琳，朱桂龙. 产学研联盟契约和信任对知识转移的影响研究 [J]. 科学学研究，2015（5）：723-733.

［15］戴勇，林振阳. 产学研合作的知识势差与知识产权风险研究 [J]. 科研管理，2018，39（02）：75-85.

［16］丁祺，张子豪. 产学研协同创新模式与利益机制构建 [J]. 中国高校科技，2018（07）：28-30.

［17］董恒敏，李柏洲. 产学研协同创新驱动模式 [J]. 科技进步与对策，2015（5）：20-24.

［18］董志勇. 行为经济学原理 [M]. 北京：北京大学出版社，2006.

［19］董志勇，黄必红. 行为经济学中的公平和互惠 [J]. 经济理论与经济管理，2003（11）：61-65.

［20］方刚，顾莉莉. 基于SECI拓展模型的产学研协同创新知识转化行为研究 [J]. 软科学，2019，33（06）：24-29+36.

［21］费艳颖，姜国峰，等. 美日韩大学参与产学研协同创新模式对我国的启示 [J]. 科学管理研究，2014（1）：106-109.

［22］伏升茂，温紫娟，等. 互惠Shigesada-Kawasaki-Teramoto模型整体解的存在性和稳定性 [J]. 兰州大学学报（自然科学版），2006（4）：121-126.

［23］葛秋萍，汪明月. 产学研协同创新技术转移风险评价研究——基于层次分析法和模糊综合评价法 [J]. 科技进步与对策，2015（10）：107-113.

［24］巩永华，薛殿中，等. 低碳供应链上企业间协同知识创新的动态决策模型 [J]. 科技管理研究，2015（14）：141-147.

［25］郭斌. 京津冀都市圈科技协同创新的机制设计——基于日韩经验的借鉴 [J]. 科学学与科学技术管理，2016（9）：37-48.

［26］郭菁. 互惠利他博弈的人学价值 [J]. 自然辩证法研究，2005（11）：5-8.

［27］郭媛媛，冯玉强，等. 企业文化对ERP消化吸收作用机理的多案例研究 [J]. 科研管理，2016（7）：89-97.

［28］哈肯. 大脑工作原理——脑活动、行为和认知的协同学研究 [M]. 郭治安，吕翎，译. 上海：上海科技教育出版社，2000.

［29］何大安. 理性选择向非理性选择转化的行为分析 [J]. 经济研究，2005（08）：73-83.

［30］何郁冰. 产学研协同创新的理论模式 [J]. 科学学研究，2012（2）：165-174.

[31] 洪银兴. 产学研协同创新的经济学分析 [J]. 经济科学, 2014（1）: 56-64.

[32] 胡恩华, 刘洪. 基于协同创新的集群创新企业与群外环境关系研究 [J]. 科学管理研究, 2007, 25（3）: 23-26.

[33] 胡慧玲, 杜栋. 产学研协同创新互动过程的博弈论分析 [J]. 科技管理研究, 2015（3）: 19-21.

[34] 胡锦涛. 在庆祝清华大学建校100周年大会上的讲话 [N]. 人民日报, 2011-04-24, 第2版.

[35] 黄劲松, 郑小勇. 是契约、信任还是信心促进了产学研合作？——两个产学研联盟案例的比较研究 [J]. 科学学研究, 2015（5）: 734-740.

[36] 黄菁菁. 产学研协同创新效率及其影响因素研究 [J]. 软科学, 2017, 31（05）: 38-42.

[37] 侯二秀, 石晶, 等. 企业协同创新动力要素的理论与实证研究 [J]. 科学管理研究, 2016（4）: 72-78.

[38] 黄湛冰, 万迪昉. 关系营销中的互惠因素 [J]. 经济管理·新管理, 2005（6）: 28-35.

[39] 纪如曼. 从冲突到互惠——萨特人际关系理论的演化 [J]. 复旦学报（社会科学版）, 2005（6）: 68-73.

[40] 金惠红, 薛希鹏, 雷文瑜. 产学研协同创新的运行机制探讨 [J]. 科技管理研究, 2015, 35（05）: 21-25.

[41] 匡小阳. 关于正义的互惠性概念 [J]. 苏州铁道师范学院学报（社会科学版）, 2002（4）: 36-40.

[42] 雷小苗, 李良艳, 王蓉. 新时代产学研协同创新的路径研究 [J]. 管理现代化, 2020, 40（03）: 36-38.

[43] 李柏洲, 高硕. 互惠性、知识共享与企业合作型原始创新——战略柔性的调节作用 [J]. 研究与发展管理, 2017, 29（03）: 76-86.

[44] 李朝明, 黄利萍. 动态能力、协同知识创新与企业持续竞争力的关系研究 [J]. 科技进步与对策, 2010（21）: 17-20.

[45] 李高扬, 刘明广. 产学研协同创新的演化博弈模型及策略分析 [J]. 科技管理研究, 2014（3）: 197-203.

[46] 李久平, 姜大鹏, 等. 产学研协同创新中的知识整合——一个理论框架 [J]. 软科

学，2013（5）：136-139.

［47］李云梅，乔梦雪.合作意愿对产学研协同创新成果转化的作用研究[J].科技进步与对策，2015（14）：17-21.

［48］李守伟，杨玉波，等.产学研合作博弈演化渐进稳定性分析与计算实验研究[J].东岳论丛，2013（4）：120-125.

［49］李双燕，万迪昉，史亚蓉，等.互惠的激励作用研究：经验证据及启示[J].管理工程学报，2009（2）：152-154.

［50］李双燕，万迪昉.互惠对工作要求——工作满意度曲线关系的调节作用[J].南开管理评论，2008（6）：103-109.

［51］李胜男，李真，孟庆峰.考虑公平关切的项目团队主体互惠行为演化研究[J].工程管理学报，2017，31（04）：82-86.

［52］李晓义，李建标.互惠、信任与治理效率——基于比较制度实验的研究[J].南开经济研究，2009（1）：101-121.

［53］梁学成，万迪昉.基于服务外包的企业间互惠合作创新模式研究[J].中国软科学，2007（1）：151-155.

［54］林少疆，徐彬，等.企业创新网络结构嵌入性对协同创新能力影响的实证研究——共生行为的中介作用[J].软科学，2016（6）：16-25.

［55］林昭文，张同健，蒲勇健.基于互惠动机的个体间隐性知识转移研究[J].科研管理，2008（04）：28-33+63.

［56］刘春艳，王伟.面向协同创新的产学研知识转移研究现状及展望[J].科技进步与对策，2014（17）：156-160.

［57］刘友金，易秋平，贺灵.产学研协同创新对地区创新绩效的影响——以长江经济带11省市为例[J].经济地理，2017，37（09）：1-10.

［58］刘林海.从互惠到利他——宗教改革时期基督教济贫观念的变化[J].北京师范大学学报（社会科学版），2008（6）：80-85.

［59］刘鲁宁，冯玉强，等.ERP消化吸收的多层次探索性案例研究：自底向上的效应[J].管理学报，2015（6）：920-931.

［60］刘鲁宁，冯玉强，等.渐进式ERP实施战略的选择动机及影响机制：探索性案例研究[J].管理评论，2012（8）：160-169.

［61］刘爽腾，蔡启明，等.公平偏好下产方主导的产学研协同创新利益分配机制[J].

科技管理研究，2016（13）：205-210.

[62] 刘勇，赵焕焕，等.基于双重努力的产学研协同创新价值链利润分配模型[J].研究与发展管理，2015（1）：24-34.

[63] 卢现祥.论互惠制度[J].江汉论坛，2008（8）：23-28.

[64] 罗琳，魏奇锋，顾新.产学研协同创新的知识协同影响因素实证研究[J].科学学研究，2017，35（10）：1567-1577.

[65] 吕士胜.康德道德哲学中的互惠论题[J].山东师范大学学报，2006（4）：24-27.

[66] 糜志雄，张斌.产学研协同创新的现状、问题与对策[J].宏观经济管理，2019，431（10）：46-51+58.

[67] 潘郁，陆书星，等.大数据环境下产学研协同创新网络生态系统架构[J].科技进步与对策，2014（8）：1-4.

[68] 蒲勇健.建立在行为经济学理论基础上的委托——代理模型：物质效用与动机公平的替代[J].经济学季刊，2007（10）：297-318.

[69] 蒲勇健，刘敬伟，林昭文，等.互惠性偏好、知识转移与知识转化的相关性研究[J].科技管理研究，2009，29（10）：412-415.

[70] 裴学亮，田也壮，李华山.不同互惠关系下制造企业供应商集成与柔性绩效关系研究[J].上海管理科学，2017，39（05）：108-114.

[71] 钱雨，吴冠霖，等.产学研协同创新成员协同行为构成要素及关系研究[J].科技进步与对策，2015（16）：15-20.

[72] 邱栋，吴秋明.产学研协同创新机理分析及其启示[J].福建论坛，2013（4）：152-156.

[73] 石高宏.强烈的互惠主义：一种关于企业内合作行为的新解释[J].哈尔滨工业大学学报（社会科学版），2004（1）：54-59.

[74] 石磊，钱勇.长期隐性互惠合约下的超稳定社会结构研究[J].上海财经大学学报，2004（4）：7-15.

[75] 史砚湄.互惠的缔结与实现——经济利他主义的"道德生产力"[J].社会科学家，2006（3）：51-53.

[76] 孙思思.市场导向的产学研协同创新绩效评价研究[D].大连：大连理工大学，2013.

[77] 谭建伟，叶丽，等.区域协同创新人力资源支撑体系评价研究：重庆例证[J].科

研管理，2016（4）：659-667.

[78] 唐书林，肖振红，等.网络模仿、集群结构和产学研区域协同创新研究：来自中国三大海洋装备制造业集群的经验证据 [J]. 管理工程学报，2016（4）：34-44.

[79] 唐震，汪洁，等.EIT产学研协同创新平台运行机制案例研究 [J]. 科学学研究，2015（1）：154-160.

[80] 涂振洲，顾新.基于知识流动的产学研协同创新过程研究 [J]. 科学学研究，2013（9）：1381-1390.

[81] 万迪昉，罗进辉，等.管理者可信行为与员工努力水平——基于两阶段的序贯互惠博弈模型分析 [J]. 系统工程，2009（7）：101-106.

[82] 万涛.隐性知识转化为显性知识的评价判断规则研究 [J]. 管理评论，2015（7）：66-75.

[83] 王海军，祝爱民.产学研协同创新理论模式：研究动态与展望 [J]. 技术经济，2019，38（02）：62-71.

[84] 王进富，张颖颖，等.产学研协同创新机制研究——一个理论分析框架 [J]. 科技进步与对策，2013（16）：1-6.

[85] 王润，徐福缘，等.基于改进Logistic的供需网企业知识协同创新与合作稳定性分析 [J]. 科技管理研究，2016（15）：18-24.

[86] 王欣，刘蔚，等.基于动态能力理论的产学研协同创新知识转移影响因素研究 [J]. 情报科学，2016（7）：36-40.

[87] 王迅，陈金贤.供应链合作关系互惠机制与合约机制的演化分析 [J]. 运筹与管理，2008（5）：26-31.

[88] 王睿，蒲勇健，明悦.互惠性金融创新：我国农村小额信贷可持续发展研究 [J]. 商业研究，2009（03）：139-142.

[89] 王卓君，李朝阳.基于解决产学研合作创新委托-代理关系的产权制度设计 [J]. 南京社会科学，2005（11）：28-31.

[90] 魏光兴,蒲勇健.互惠动机与激励：实验证据及其启示[J].科技管理研究,2007(3)：254-256.

[91] 魏奇锋，顾新.产学研知识联盟的知识共享研究 [J]. 科学管理研究，2011（3）：89-93.

[92] 魏奇锋，顾新.基于知识流动的产学研协同创新过程研究 [J]. 科技进步与对策，

2013（15）：133-137.

[93] 武海峰.产学研的合作风险：基于博弈论的分析[J].山东社会科学，2012（7）：162-165.

[94] 卫武，何敏.跨层级组织知识转化与企业绩效关系研究——知识资本的中介效应[J].科技进步与对策，2016（9）：1-8.

[95] 吴晓云，代海岩.智力资本要素之间的交互作用对知识型服务企业竞争力的影响——基于知识转化的中介效应[J].研究与发展管理，2016（3）：12-24.

[96] 吴悦，顾新.产学研协同创新的知识协同过程研究[J].中国科技论坛，2012（10）：17-23.

[97] 吴悦，张莉，等.知识流动视角下产学研协同创新过程的协同作用研究[J].兰州大学学报，2016（4）：128-136.

[98] 夏红云.产学研协同创新动力机制研究[J].科学管理研究，2014（6）：21-24.

[99] 肖玲诺，史建锋，等.产学研知识创新联盟知识链运作的风险控制机制[J].中国科技论坛，2013（3）：115-120.

[100] 项杨雪，梅亮，等.基于高校知识三角的产学研协同创新实证研究——自组织视角[J].管理工程学报，2014（3）：100-109.

[101] 邢青松，上官登伟，等.协同创新知识属性多维分析与CCT治理模式研究[J].科技进步与对策，2016（3）：126-132.

[102] 许庆瑞，朱凌，等.从研发-营销的整合到技术创新-市场创新的协同[J].企业科技与发展，2006（2）：29-34.

[103] 薛克雷，潘郁，等.产学研协同创新信任关系的演化博弈分析[J].科技管理研究，2014（21）：11-16.

[104] 姚艳虹，周惠平.产学研协同创新中知识创造系统动力学分析[J].科技进步与对策，2015（4）：110-116.

[105] 严维石.小群体中互惠行为机理研究：基于行为经济学视角[J].中央财经大学学报，2016（03）：82-87.

[106] 叶传盛，陈传明.产学研协同、知识吸收能力与企业创新绩效[J].科技管理研究，2022，42（03）：184-194.

[107] 叶航，汪丁丁，等.作为内生偏好的利他行为及其经济学意义[J].经济研究，2005，8（8）：332-349.

[108] 叶航.利他行为的经济学解释 [J].经济学家，2005（3）：22-33.

[109] 尹洁，施琴芬.高校科研创新团队知识共享绩效影响因素实证研究——以江苏省高校协同创新中心为例 [J].中国科技论坛，2016（9）：115-121.

[110] 游静.基于动态 X-Y 理论的协同知识创新激励策略研究 [J].科技管理研究，2015（21）：169-175.

[111] 原长弘，孙会娟.政产学研用协同与高校知识创新链效率 [J].科研管理，2013（4）：60-67.

[112] 原长弘，张树满.以企业为主体的产学研协同创新：管理框架构建 [J].科研管理，2019，40（10）：184-192.

[113] 袁胜超.数字化驱动了产学研协同创新吗？——兼论知识产权保护与企业吸收能力的调节效应 [J/OL].科学学与科学技术管理：1-22[2023-02-27].

[114] 赵旭东.互惠人类学再发现 [J].中国社会科学，2018（07）：106-117+206-207.

[115] 曾详炎，刘友金，等.剩余分配契约与集群企业产学研协同创新效率 [J].系统工程，2016（6）：78-83.

[116] 张贝贝，李存金，尹西明.关键核心技术产学研协同创新机理研究——以芯片光刻技术为例 [J].科技进步与对策，2023，40（01）：1-11.

[117] 张根明，张曼宁.基于演化博弈模型的产学研创新联盟稳定性分析 [J].运筹与管理，2020，29（12）：67-73.

[118] 张洪恩，王覃刚.强互惠理论的扩展 [J].中国工业经济，2007（3）：70-78.

[119] 张喜征，刘水林，等.知识互补性视角下跨组织协同创新知识配置研究——以小米手机产业链为例 [J].科技进步与对策，2016（11）：136-141.

[120] 张忻，王克勤.产学研协同创新中的知识融合影响因素研究 [J].西北工业大学学报（社会科学版），2015（3）：37-43.

[121] 张清华，郭淑芬，等.基于利益分享的产学研协同创新机制研究 [J].科学管理研究，2017，35（01）：23-26.

[122] 张学文.开放科学视角下的产学研协同创新——制度逻辑、契约治理与社会福利 [J].科学学研究，2013（4）：617-622.

[123] 周晓阳.产学研协同创新绩效评价文献综述 [J].科技管理研究，2014（11）：45-48.

[124] 朱浩.大学、企业、政府协同创新系统生成发展的机理研究——基于 CAS 理

论的视角 [J]. 系统科学学报, 2016 (3): 33–38.

[125] 朱向梅. 产学研知识创新网络组织结构的分析框架 [J]. 科技进步与对策, 2010 (10): 117–119.

[126] 朱娅妮, 余玉龙, 等. 面向协同创新的高校科研绩效评价体系研究 [J]. 科研管理, 2016 (4): 180–187.

[127] 朱学红, 邹佳纹, 钟美瑞. 互惠偏好下的多团队系统合作研究 [J]. 软科学, 2017, 31 (02): 51–55.

[128] Aerts G, Dooms M, et al. Knowledge Transfers and Project-based Learning in Large Scale Infrastructure Development Projects: an Exploratory and Comparative Ex-post Analysis[J].International Journal of Project Management, 2016, 19(13):963–985.

[129] Abramo G, Dangelo C. The Role of Information Asymmetry in the Market for University-Industry Research Collaboration[J]. The Journal of Technology Transfer,2011,36(1):84–100.

[130] Afonso A, Juan J. University-industry Cooperation in the Education Domain to Foster Competitiveness and Employment[J]. Precede-Social and Behavioral Sciences, 2012,46(9):3947–3953.

[131] Agrawal A K. University-to-Industry Knowledge Transfer: Literature Review and Unanswered Questions[J]. International Journal of Management Reviews, 2001,3(4):285–302.

[132] Agusti S, Josep M. Source of Innovation and Industry-University Interaction: Evidence from Firms[J]. Research Policy,2008,23(8):1283–1295.

[133] Al O T, Ankrah S. Social Capital to Facilitate 'Engineered' University-industry Collaboration for Technology Transfer: A Dynamic Perspective[J].Technological Forecasting and Social Change, 2016, 104(5):1–15.

[134] Andrea B, Andrea P. A Theoretical Framework for the Evaluation of University-Industry Relationships[J]. R&D Management, 1994,24(3):229–247.

[135] Anklam P. Knowledge Management: The Collaboration Thread[J]. Bulletin of the American Society for Information Science and Technology, 2002,28(6):8–11.

[136] Antonelli C. The New Economics of the University: A Knowledge Governance Approach[J]. Journal of Technology Transfer,2008,33(1):1–22.

参考文献

[137] Argote L, Fahrenkopf E. Knowledge Transfer in Organizations: The Roles of Members, Tasks, Tools, and Networks[J].Organizational Behavior and Human Decision Processes, 2016, 136(9):146-159.

[138] Ankrah S N, Burgess T F, et al. Asking Both University and Industry Actors About Their Engagement in Knowledge Transfer: What Single-group Studies of Motives Omit[J]. Technovation, 2013, 33(2):50-65.

[139] Ankrah S, AL O T. Universities-industry Collaboration: A Systematic Review[J]. Scandinavian Journal of Management, 2015, 31(3):387-408.

[140] Bercovitz J L, Feldman M P. Fishing Upstream: Firm Innovation Strategy and University Research Alliance[J]. Research Policy,2007,36(7):930-948.

[141] Bercovitz J, Feldman M. Entrepreneurial Universities and Technology Transfer: a Conceptual Framework for Understanding Knowledge-based Economic Development[J]. Journal of Technology Transfer,2008,31(1):175-188.

[142] Bicskei M, Lankau M, et al. Negative Reciprocity and Its Relation to Anger-like Emotions in Identity-homogeneous and Heterogeneous Groups[J]. Journal of Economic Psychology, 2016, 54(6):17-34.

[143] Bogers T, Sarin R. Learning Through Reinforcement and Replicator Dynamics[J]. journal of Economic Theory, 1997, 77(9):1-14.

[144] Bonaccorsi A, Piccaluga A. A Theoretical Framework for the Evaluation of University-Industry Relationships[J].R&D Management, 1994, 24(3):229-247.

[145] Bowles S, Gintis H. The Evolution of Strong Reciprocity: Cooperation in Heterogeneous Populations[J]. Theoretical population Biology, 2004, 65(8):17-28.

[146] Bowles S, Gintis H. The Evolution of Strong Reciprocity: Cooperation in Heterogeneous Populations[J]. Theoretical Population Biology, 2004, 65(8):17-28.

[147] Bruneel J, Salter A. Investigating the Factors that Diminish the Barriers to University-Industry Collaboration[J]. Research Policy,2010,39(7):858-868.

[148] Bruneel J. Investigating the Factors that Diminish the Barriers to University-Industry Collaboration[J]. Research Policy, 2010, 39(7):858-868.

[149] Canhoto A I, Quinton S, et al. The Co-production of Value in Digital, University-industry R&D Collaborative Projects[J]. Industrial Marketing Management,

2016,56(6):86–96.

[150] Chaudhuri A, Li Y X, et al. What's in a Frame? Goal Framing, Trust and Reciprocity[J].Journal of Economic Psychology, 2016,57(12):117–135.

[151] Chen W, Peng R. Stationary Patterns Created by Cross-diffusion for the Competitor-Competitor-Mutualist Model[J].Journal of Mathematical Analysis and Applications, 2004, 291(8):550–564.

[152] Chesbrough H W. Open Innovation[M]. Boston: Harvard Business School Press, 2003.

[153] Chi W Z, Tian Q, et al. Servant Leadership, Social Exchange Relationships, and Follower's Helping Behavior: Positive Reciprocity Belief Matters[J]. International Journal of Hospitality Management, 2015, 51(10):147–156.

[154] Collins C, Smith K. Knowledge Exchange and Combination[J]. Academy of Management Journal, 2006, 49(3):544–560.

[155] Cox J C, Friedman D, Gjerstad S. A tractable model of reciprocity and fairness[J]. Games and Economic Behavior,2007:59, 17–45.

[156] Daniel F S. Tacit Knowledge With Innovative Entrepreneurship[J]. International Journal of Industrial Organization, 2012, 30(9):451–467.

[157] Danková K, Servátka M. The House Money Effect and Negative Reciprocity[J]. Journal of Economic Psychology, 2015, 18(6):60–71.

[158] Dean E, Michael A. An Overview of Strategic Alliances Between Universities and Corporations[J]. Journal of Workplace Learning, 2005, 17(1/2):115–129.

[159] Deste P, Patel P. University-Industry Linkages in the UK: What are the Factors Underlying the Variety of Interactions with Industry?[J]. Research Policy, 2007, 36(9):1295–1313.

[160] Dooley L, Kirk D. University-Industry Collaboration Grating the Entrepreneurial Paradigm Onto Academic Structures[J]. European Journal of Innovation Management, 2007, 10(8):287–294.

[161] Dufwenberg M, Kirchsteiger G. A Theory of Sequential Reciprocity[J]. Games and Economic Behavior, 2004, 47(8):268–298.

[162] Elias G, Carayannis. Leveraging Knowledge, Learning and Innovation in Forming

Strategic Government-University-Industry(GUI) R&D Partnerships in the US, Germany, and France[J]. Technovation, 2000, 20(9):477-488.

[163] Ellis L C. Osabutey, Williams K, et al. The Potential for Technology and Knowledge Transfers Between Foreign and Local Firms: A Study of the Construction Industry in Ghana[J].Journal of World Business, 2014, 49(4):560-571.

[164] Ellis L C. Osabutey, Jin Z Q. Factors Influencing Technology and Knowledge Transfer: Configurationally Recipes for Sub-Saharan Africa[J].Journal of Business Research, 2016, 69(11):5390-5395.

[165] Eom B Y, Lee K. Determinants of Industry-Academy Linkages and Their Impact on Firm Performance: The Ccase of Korea as a Latecomer in Knowledge Industrialization[J]. Research Policy, 2010, 5(9):625-639.

[166] Estrada I, Faems D, et al. The Role of Interpreter Dissimilarities in Industry-University Alliances: Insights from a Comparative Case Study[J].Research Policy, 2016, 45(12):2008-2022.

[167] Etzkowitz H, Leydesdorff L. The Dynamics of Innovation: From National System and "Mode 2" to a Triple Helix of University-Industry-Government Relations[J]. Research Policy, 2000, 29(2):109-123.

[168] Etzkowitz H, Leydesdorff L. The Triple Helix-University-Industry-Government Relations: A Laboratory for Knowledge Based Economic Development[J]. East Review, 1995, 14(8):14-19.

[169] Fehr E, Fischbacher U. Third-party Punishment and Social Norms[J]. Evolution and Human Behavior, 2004, 25(9):63-87.

[170] Fehr E, Gauchter S. Cooperation and Punishment[J].American Economic Review, 2000, 90(4):980-994.

[171] Fehr E, Gächter S. Cooperation and Punishment in Public Goods Experiments[J]. American Economic Review, 2000, 90(4): 980-994.

[172] Fernández M E, Pinto H. Tracing the Flows of Knowledge Transfer: Latent Dimensions and Determinants of University-industry Interactions in Peripheral Innovation Systems[J].Technological Forecasting and Social Change, 2016, 113(12):266-279.

［173］Fiaz M. An Empirical Study of University-industry R&D Collaboration in China: Implications for Technology in Society[J].Technology in Society, 2013, 35(3):191-202.

［174］Fitch K. Professionalisation and Public Relations Education: Industry Accreditation of Australian University Courses in the Early 1990s[J].Public Relations Review, 2014, 40(4):623-631.

［175］Fontana R, Geuna A, et al. Factors Affecting University-Industry R&D Projects: The Importance of Searching, Screening and Signaling[J]. Research Policy, 2006, 35(2):309-323.

［176］Franco M, Haase H. University-industry Cooperation: Researchers' Motivations and Interaction Channels[J].Journal of Engineering and Technology Management, 2015, 36(4):41-51.

［177］Freitasas B I M, Marquesc A R, et al. University-Industry Collaboration and Innovation in Emergent and Mature Industries in New Industrialized Countries[J]. Research Policy, 2013, 42(2):37-49.

［178］Gary B, Axel O. A Theory of Equity, Reciprocity and Competition[J]. The American Economic Review, 2000, 90(1):788-796.

［179］Gertner D, Roberts J, et al. University-Industry Collaboration: A Cops Approach to KTPs[J]. Journal of Knowledge Management, 2011, 15(4):625-647.

［180］Gintis H, Samuel B. Explaining Altruistic Behavior in Humans[J]. Evolution and Human Behavior, 2003, 24(8):450-462.

［181］Gintis H. Strong Reciprocity and Human Sociality[J]. Journal of Theory Biology, 2000, 206(9):169-171.

［182］Giuliani E, Arza V. What Drives the Formation of Value University-Industry Linkages? Insights from the Wine Industry[J]. Research Policy, 2009, 38(8):906-921.

［183］Gouldner A W. The Norm of Reciprocity: a Preliminary Statement[J]. American Sociological Review, 1960, 25(8):161-178.

［184］Guan J C, Zhao Q J. The Impact of University-industry Collaboration Networks on Innovation in Nanobiopharmaceuticals[J].Technological Forecasting and Social Change, 2013, 80(7):1271-1286.

[185] Guerzoni M T. Aldridge T, et al. A New Industry Creation and Originality: Insight from the Funding Sources of University Patents[J].Research Policy, 2014, 13(12):1697-1706.

[186] Hemmert M, Bstieler L, et al. Bridging the Cultural Divide: Trust Formation in University-industry Research Collaborations in the US, Japan, and South Korea[J]. Technovation, 2014, 34(10):605-616.

[187] Hong W, Sung Y S. The Effect of Institutional Proximity in Non-local University-industry Collaborations: An Analysis Based on Chinese Patent Data[J].Research Policy, 2013, 42(3):454-464.

[188] Hsuan H M, Zen D C. How can Academic Innovation Performance in University-industry Collaboration be Improved?[J].Technological Forecasting and Social Change, 2016, 7(9):332-356.

[189] Nonaka I. Redundant, Overlapping Organization: A Japanese Approach to Managing the Innovation Process[J]. California Management Review, 1990(7):27-38.

[190] Inga A. Ivanova, Leydesdorff L. Rotational symmetry and the transformation of innovation systems in a Triple Helix of university-industry-government relations[J]. Technological Forecasting and Social Change, 2014, 86: 143-156.

[191] Inzelt A . The evolution of university-industry-government relationships during transition[J]. Research Policy, 2004, 33(6-7): 975-995.

[192] Bodas Freitas I M, Geuna A, Rossi F. Finding the right partners: Institutional and personal modes of governance of university-industry interactions[J]. Research Policy, 2013, 42(1): 50-62.

[193] Berbegal-Mirabent J, Lafuente E, Solé F. The pursuit of knowledge transfer activities: An efficiency analysis of Spanish universities[J]. Strategic Thinking in Marketing, 2013, 66(10): 2051-2059.

[194] Berbegal-Mirabent J, Sánchez García J L, Ribeiro-Soriano D E. University-industry partnerships for the provision of R&D services[J]. Special issue on The Spirit of Strategy, 2015, 68(7): 1407-1413.

[195] Jiang X, Li Y. An Empirical Investigation of Knowledge Management and Innovation Performance: The Case of Alliances[J]. Research Policy, 2009, 38(2):358-368.

[196] Joaquín M. Azagra-Caro, et al. Dynamic Interactions Between University-Industry Knowledge Transfer Channels: A Case Study of the Most Highly Cited Academic Patent[J]. Research Policy, 2016, 22(9):119-138.

[197] Kalar B, Antoncic B. The Entrepreneurial University, Academic Activities and Technology and Knowledge Transfer in Four European Countries[J]. Technovation, 2015, 36(5):1-11.

[198] Kazuyuki M. University-Industry Collaborations in Japan: The Role of New Technology-Based Firms in Transforming the National Innovation System[J]. Research Policy, 2005, 34(5):583-594.

[199] Koschatsk K. Networking and Knowledge Transfer Between Research and Industry in Transition Countries: Empirical Evidence from the Slovenian Innovation System[J]. Journal of Technology Transfer, 2012, 27(1):27-35.

[200] Kreps D, Milgrom P, et al. Rational Cooperation in the Finitely Repeated Prisoner's Dilemma[J]. Journal of Economic Theory, 1982, 27(8):245-252.

[201] Lai W H. Willingness-to-Engage in Technology Transfer in Industry-University Collaborations[J]. Journal of Business Research, 2011, 64(11):1218-1223.

[202] Leea K J, Ohtab T. Formal Boundary Spanning by Industry Liaison Offices and the Changing Pattern of University-Industry Cooperative Research: The Case of the University of Tokyo[J]. Technology Analysis& Strategic Management, 2010, 22(2):189-206.

[203] Leydesdorff L. The Mutual Information of University-Industry-Government Relations: An Indicator of the Triple Helix Dynamics[J]. Scientometrics, 2003, (58):445-467.

[204] Leydesdorff L, Sun Y. National and International Dimensions of the Triple Helix in Japan: University-Industry-Government Versus International Co-authorship Relations[J]. Journal of the American Society for Information Science and Techology, 2009, 60(8):778-788.

[205] Maietta O W. Determinants of University-firm R&D Collaboration and Its Impact on Innovation: A Perspective from a Low-tech Industry[J].Research Policy, 2015, 44(7):1341-1359.

[206] Maria I, Freitas B, et al. University–industry Collaboration and Innovation in Emergent and Mature Industries in New Industrialized Countries[J].Research Policy, 2013, 42(2):443–453.

[207] Mathies C, Slaughter S. University Trustees as Channels Between Academe and Industry: Toward an Understanding of the Executive Science Network[J].Research Policy, 2013, 42(6–7):1286–1300.

[208] Mirjam K, Deniz U, et al. The Relationship Between Knowledge Transfer, Top Management Team Composition, and Performance: The Case of Science–based Entrepreneurial Firms[J]. Theory and Practice, 2011, 35(4):777–803.

[209] Moodysson J, Coenen L, Asheim B. Explaining Spatial Patterns of Innovation: Analytical and Synthetic Modes of Knowledge Creation in the Medicon Valley Life–Science Cluster[J]. Environment and Planning A: Economy and Space, 2008, 40(5): 1040–1056.

[210] Motoyama Y. Long–term Collaboration Between University and Industry: A Case Study of Nanotechnology Development in Japan[J]. Technology in Society, 2014, 36(2):39–51.

[211] Neely A, Adams C. The Performance Prism[M]. London: Prentice–Hall, 2002.

[212] Nielsen B B. The Role of Knowledge Embeddings in the Creation of Synergies in Strategic Alliances[J]. Journal of Business Research, 2005,58(9):1194–1204.

[213] Nilsen V, Anelli G. Knowledge Transfer at CERN[J].Technological Forecasting and Social Change, 2016, 112(11):113–120.

[214] Nonaka I. Toward Middle–Up–Down Management: Accelerating Information Creation[J]. Sloan Management Review, 1988, 29(9):9–12.

[215] Nonaka I. The Knowledge–Creating Company[J]. Harvard Business Review, 1991(11–12):96–104.

[216] Nonaka I. A Dynamic Theory of Organizational Knowledge Creation[J]. Organization Science: A Journal of the Institute of Management Science, 1994, 5(1):14–37.

[217] Nonaka I, Takeuchi H. The Knowledge Creating Company[M]. New York: Oxford University Press, 1995.

[218] Numprasertchai S, Igel B. Managing Knowledge Through Collaboration: Two Cases of Managing Research in University Laboratories in Thailand[J]. Engineering Management Conference, 2003, 10(9):575-579.

[219] Onne, Janssen. Fairness Perceptions as a Moderator in the Curvilinear Relationships Between Job Demand, and Job Performance and Job Satisfaction[J]. Academy of Management Journal, 2001, 44(5):1039-1050.

[220] Park H W, Leydesdorff L. Longitudinal Trends in Network of University-Industry-Government Relations in South Korea: The Role of Programmatic Incentives[J]. Research Policy, 2010, 39(9):640-649.

[221] Pai P Y, Tung H T. Reciprocity Norms and Information-Sharing Behavior in Online Consumption Communities: An Empirical Investigation of Antecedents and Moderators[J].Information & Management, 2016, 53(1):38-52.

[222] Pesämaa O, T. Pieper, et al. Trust and Reciprocity in Building Inter-personal and Inter-organizational Commitment in Small Business Co-operatives[J].Journal of Co-operative Organization and Management, 2013, 1(12):81-92.

[223] Pekkarinen S, Harmaakorpi V. Building Regional Innovation Networks: The Definition of an Age Business Core Process in a Regional Innovation System[J]. Regional Studies, 2006, 40(4):401-413.

[224] Perkmann M, Valentina T. A Review of the Literature on University-industry Relations[J]. Research Policy, 2013, 42(5):423-442.

[225] Plewa C, Korff N, Johnson C, et al. The Evolution of University-industry Linkages-A Framework[J]. Journal of Engineering & Technology Management, 2013, 30(1):21-44.

[226] Polanyi M. Personal Knowledge[M]. Chicago: the university of Chicago Press, 1958.

[227] Premus P. University Knowledge Production and Industrial Innovation: The Evidence[J]. International Journal of Technology Transfer and Commercialisation, 2003, 2(3):263-273.

[228] Rabin M. Incorporating Fairness into Game Theory and Economics[J]. The American Economic Review,1993,83(5):1281-1302.

[229] Rabin M. Psychology and Economics[J]. Journal of Economics Literature,

1998(1):11–46.

[230] Rabin M. Understanding Social Preferences with Simple Tests[J]. Quarterly Journal of Economics, 2002, 117(3):817–869.

[231] Rebecca A, Thacker. The Application of Social Exchange to Commitment Bonds of Pro-union Employees: Cognitive Calculations of Reciprocity[J]. Human Resource Management Review, 2015, 25(3):287–297.

[232] Samuelson, Paul A. Altruism as a Problem Involving Group Versus Individual Selection in Economics and Biology[J]. American Economic Review, 1993, 83(2):143–148.

[233] Sánchez A, Cuesta J. Altruism May Rise from Individual Selection[J]. Journal of Theoretical Biology, 2005, 235:119–132.

[234] Sanfey A G, Rilling J K, et al. The Neural Basis of Economic Decision-making in the Ultimatum Game[J]. Science, 2003, 3000(5626):1755–1758.

[235] Santoro M D, Bierly P E. Facilitators of Knowledge Transfer in University-Industry Collaborations: A Knowledge-based Perspective[J]. IEEE Transactions on Engineering Management, 2006, 53(4):495–507.

[236] Sarpong D, AbdRazak A, et al. Organizing Practices of University, Industry and Government that Facilitate (or Impede) the Transition to a Hybrid Triple Helix Model of Innovation[J]. Technological Forecasting and Social Change, 2015, 14(12):111–132.

[237] Scandura Y A. University-industry Collaboration and Firms' R&D Effort[J]. Research Policy, 2016, 45(9):1907–1922.

[238] Scaringella L, François B. The Challenges of Radical Innovation in Iran: Knowledge Transfer and Absorptive Capacity Highlights –Evidence from a Joint Venture in the Construction Sector[J]. Technological Forecasting and Social Change, 2015, 4(10):313–334.

[239] Schartinger D, Rammer C, et al. Knowledge Interactions Between Universities and Industry in Austria: Sectored Patterns and Determinants[J]. Research Policy, 2002, 31(3):303–328.

[240] Sebald A, Walzl M. Optimal Contracts Based on Subjective Performance Evaluations and Reciprocity[J]. Journal of Economic Psychology, 2015, 47(4):62–76.

[241] Senker J. Tacit Knowledge and Models of Innovation[J]. Industrial and Corporate Change, 1995, 4(2):425-447.

[242] Serrano V, Fischer T. Collaborative Innovation in Ubiquitous System[J]. International Manufacturing, 2007(18):599-615.

[243] Sethi R, Somanathan E. Understanding Reciprocity[J]. Journal of Economic Behavior& Organization, 2003, 50(9):1-27.

[244] Sherwood A L, Covin J G. Knowledge Acquisition in University-Industry Alliance: An Empirical Investigation from a Learning Theory Perspective[J]. Journal of Product Innovation Management, 2008, 2(9):162-266.

[245] Siegel D S, Waldman D A. Commercial Knowledge Transfers from Universities to Firms Improving the Effectiveness of University-Industry Collaboration[J]. Journal of High Technology Management Research, 2003, 14(1):111-133.

[246] Soh P H, Annapoornima M, Subramanian. When do Firms Benefit from University-industry R&D Collaborations? The Implications of Firm R&D Focus on Scientific Research and Technological Recombination[J].Journal of Business Venturing, 2014, 29(6):807-821.

[247] Sobel, Joel. Interdependent Preferences and Reciprocity[J].Journal of Economic Literature,2005,43(2):392-436.

[248] Sobel J. Interdependent Preference and Reciprocity[J]. Journal of Economic Literature, 2005, 43(2):392-436.

[248] Szulanski G. Exploring Internal Stickiness: Impediments to the Transfer of Best Practice Within the Firm[J]. Strategic Management Journal, 1996, 17(9):27-43.

[250] Tangpong C, Li J, et al. Dark Side of Reciprocity Norm: Ethical Compromise in Business Exchanges[J].Industrial Marketing Management, 2016, 55(5):83-96.

[251] Tartari V, Salter A. The Engagement Gap: Exploring Gender Differences in University-Industry Collaboration Activities[J].Research Policy, 2015, 44(6):1176-1191.

[252] Tariq H, Malik. National Institutional Differences and Cross-border University-industry Knowledge Transfer[J]. Research Policy, 2013, 42(3):776-787.

[253] Thaler C. Ultimatums, Dictators and Manners[J]. Journal of Economic perspectives, 1995(9):209-219.

[254] Tsoukas H, Vladimirou E. What is Organizational Knowledge[J]. Journal of Management Studies, 2001, 38(11):973-993.

[255] Tullberg J. On Indirect Reciprocity[J]. The American Journal of Economics and Sociology, 2004, 63(5):1193-1212.

[256] Veugelers R, Cassiman B. R&D Cooperation Between Firms and Universities: Some Empirical Evidence from Belgian Manufacturing[J]. International Journal of Industrial Organization, 2005, 56(6):355-379.

[257] Villani E, Rasmussen E, et al. How Intermediary Organizations Facilitate University-industry Technology Transfer: A Proximity Approach[J].Technological Forecasting and Social Change, 2017, 14(2):86-102.

[258] Winkelbach A, Walter A. Complex Technological Knowledge and Value Creation in Science-to-industry Technology Transfer Projects: The Moderating Effect of Absorptive Capacity[J]. Industrial Marketing Management, 2015,47(5):98-108.

[259] Wolin C L, Lawlor L R. Models of Facultative Mutualism: Density Effects[J]. Amer Natural, 1984, 124(6):843-862.

[260] WU J B, HOM P W, TETRICK L E, et al. The Norm of Reciprocity: Scale Development and Validation in the Chinese Context[J]. Management and Organization Review, 2006, 2(3):377-402.

[261] Xia G, Xi G, et al. An Analysis of the Patenting Activities and Collaboration among Industry-University-Research Institutes in the Chinese ICT Sector[J]. Scientometrics, 2014, 98(1):247-263.

[262] Xie X M, Fang X F, et al. Collaborative Innovation Network and Knowledge Transfer Performance: A FsQCA Approach[J]. Journal of Business Research, 2016, 69(11): 5210-5215.

[263] Zheng S. A Reaction-Diffusion System of a Competitor-Competitor-Mutualist Model[J]. Journal of Mathematical Analysis and Applications, 1987, 124(8):254-280.

[264] Zhong H, Ozsoy E, et al. Co-Insights Framework for Collaborative Decision Support and Tacit Knowledge Transfer[J]. Expert Systems with Applications, 2016, 45(5):85-96.

附录：调查问卷

> 敬启者：
>
> 您好！这是一份调查我国产学研互惠性协同、知识转化与创新绩效相关性研究的调查问卷，仅应用于学术研究，烦请您百忙之中抽取一些宝贵时间给予帮助，不胜感谢！
>
> 本调查绝不泄露被调查者的个人和单位信息，调查数据仅用于理论模型的检验，敬请放心！

【填写说明】本次调查为了评价产学研互惠性协同、知识转化、创新绩效各类项目的重要程度、符合性程度以及指标性能的高低，答问选项划分为7个等级。请根据您的经验判断在不同题项下的重要性或符合程度，并在相应的等级上打"√"。

1. 产学研互惠性协同的测度问卷

（1）组织间互惠性协同调查测度问卷

题项或指标	不存在 ←————→ 存在
	1　2　3　4　5　6　7
企业在协同创新规划上明显地兼顾高校的利益获取和成本补偿。	□　□　□　□　□　□　□
企业在知识产权等无形资源配置上明显照顾到高校的资源需求。	□　□　□　□　□　□　□
企业在协同创新合作制度的设计上明显考虑到高校的制度特征。	□　□　□　□　□　□　□
企业在协同创新中十分注意为高校补充稀缺的生产、调试、安装、质检、市场需求分析类辅助人员。	□　□　□　□　□　□　□

续表

题项或指标	不存在 ← ---------- → 存在 1 2 3 4 5 6 7
企业和高校在研发过程各阶段的设备、仪器、工具投入中会考虑对方的成本与损失。	□ □ □ □ □ □ □

（2）团队间互惠性协同调查测度问卷

题项或指标	不存在 ← ---------- → 存在 1 2 3 4 5 6 7
高校与企业的研发团队之间在能力匹配、资源配置、制度设计上存在着明显的互惠行为。	□ □ □ □ □ □ □
高校研发团队与企业的生产、质检、安全、营销团队之间在合作与沟通上存在着明显的互惠行为。	□ □ □ □ □ □ □
高校研发团队与企业的各类参与团队在专业性资本投资上可以达到互惠互谅的境地。	□ □ □ □ □ □ □
双方研发团队之间的团队文化建设能够照顾到对方的团队文化特征。	□ □ □ □ □ □ □
高校团队在设计方案、思想、理念调整上能够兼顾对方的感受与适用性。	□ □ □ □ □ □ □

（3）成员间互惠性协同调查测度问卷

题项或指标	不存在 ← ---------- → 存在 1 2 3 4 5 6 7
高校研发人员在技术、市场、产品性能等信息共享上与企业参与人员之间存在着明显的互惠性行为。	□ □ □ □ □ □ □
高校研发人员与企业技术人员在产品创意设计的交流上可以达到推心置腹的境地。	□ □ □ □ □ □ □
高校参与人员与企业参与人员在情感、新任、价值观上可以达到水乳交融的境地。	□ □ □ □ □ □ □
高校参与人员与企业参与人员在合作中经常谦让自己的功劳而将荣誉让与对方。	□ □ □ □ □ □ □
高校与企业参与人员之间的礼让、谦逊、谅解行为在一定的情理范围之中，不会被大多数人认为是怪异行为。	□ □ □ □ □ □ □

2. 产学研知识转化的测度问卷

（1）产学研知识组合化调查测度问卷

题项或指标	不存在 ←--------→ 存在 1　2　3　4　5　6　7
技术人员、营销人员、生产人员在协同创新中经常进行知识交流。	□ □ □ □ □ □ □
企业技术团队与高校技术团队可以顺利实现技术方案的交流。	□ □ □ □ □ □ □
企业和高校拟定并实施了科研资料、档案、说明书等公开信息的共享机制。	□ □ □ □ □ □ □
在协同创新过程中可以有效实现技术信息和市场信息的互补。	□ □ □ □ □ □ □
合作各方的技术人员善于从对方和己方的资料库中过滤出更有价值的资料。	□ □ □ □ □ □ □

（2）产学研知识外显化调查测度问卷

题项或指标	不存在 ←--------→ 存在 1　2　3　4　5　6　7
技术人员的初始设计理念或思维可以向团队翔实地阐释和表述。	□ □ □ □ □ □ □
组织或团队激励研发人员大胆地披露和陈述自己的产品构思。	□ □ □ □ □ □ □
高校研发团队的设计方案能够向企业方进行细致的汇报和交流。	□ □ □ □ □ □ □
研发团队根据产品的技术特征可以合理地预测出市场需求量。	□ □ □ □ □ □ □
合作双方的参与人员注重学习、吸收、消化对方的经验、技巧和设计理念。	□ □ □ □ □ □ □

（3）产学研知识内隐化调查测度问卷

题项或指标	不存在 ← --------- → 存在
	1　2　3　4　5　6　7
研发人员不断汲取组织外部的知识并转化为自身的设计理念。	□　□　□　□　□　□　□
研发人员在产学研系统内部不断吸收他人的知识来充实自己。	□　□　□　□　□　□　□
在现有的产品设计方案的基础上可以不断形成新的创意和理念。	□　□　□　□　□　□　□
研发人员不断将市场需求信息及动态特征吸收到设计方案之中。	□　□　□　□　□　□　□
研发人员不断将产品试生产、质检、性能测试等信息融入设计方案。	□　□　□　□　□　□　□

（4）产学研知识社会化调查测度问卷

题项或指标	不存在 ← --------- → 存在
	1　2　3　4　5　6　7
研发人员善于在未成型的设计方案的基础上再进行抽象设计。	□　□　□　□　□　□　□
研发人员善于运用合作中各种设计理念和创意进行相互启发。	□　□　□　□　□　□　□
研发人员可以根据现有的创意进行深度讨论并形成新的创意。	□　□　□　□　□　□　□
研发人员可以根据产品的市场需求和生产条件来规划产品的形态。	□　□　□　□　□　□　□
市场人员可以根据产品性能、风格、款式等来准确地预测市场需求。	□　□　□　□　□　□　□

3. 产学研协同创新绩效的测度问卷

（1）产学研协同创新绩效调查测度问卷

题项或指标	不存在 ← ---------- → 存在
	1　2　3　4　5　6　7
企业、高校或科研机构等合作参与方基本达到了预期的合作目标。	□　□　□　□　□　□　□
合作项目的投入产出比在同行业的项目合作中处于领先地位。	□　□　□　□　□　□　□
项目的开发周期被控制在预定的范围且在同行业中处于领先。	□　□　□　□　□　□　□
项目开发中的技术风险、市场风险、生产风险得到了有效控制。	□　□　□　□　□　□　□
新产品的性能很好地适应了市场需求且在竞争市场中处于领先。	□　□　□　□　□　□　□